CW00556792

Bescherelle

Martin Ivernel
Professeur d'Histoire

Illustré par
Laurent Audouin et François Vincent

SOMMAIRE

La Préhistoire et l'Antiquité

Le Moyen Âge

Les Temps modernes

Le XIXe siècle

D'une guerre à l'autre

La France depuis 1945

La Préhistoire et l'Antiquité

Le Moyen Âge

La Révolution et l'Empire

Le XIXe siècle

D'une guerre à l'autre

La France depuis 1945

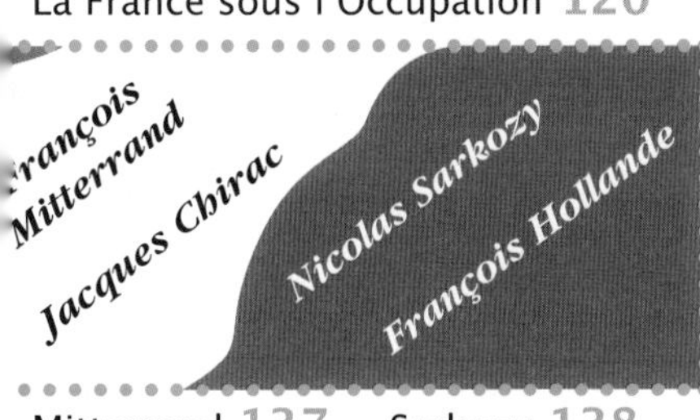

La Préhistoire et l'Antiquité

(Des premiers humains au ve siècle)

- La Préhistoire est la période qui s'étend de la naissance de l'Homme au début de l'écriture. Les premiers humains vivent de la chasse et de la cueillette et sont nomades. Puis, ils se fixent dans des maisons et pratiquent l'agriculture et l'élevage.
- À partir de –1200, des peuples celtes, qu'on appelle les Gaulois, s'installent sur notre territoire. Ils fondent la civilisation gauloise.
- En – 52, le Romain Jules César fait la conquête de la Gaule. Ses habitants adoptent peu à peu le mode de vie des Romains. Ils deviennent des Gallo-Romains.

- 40 000
Premiers
Homo sapiens

- 20 000
Premières peintures rupestres

- 7000
Début de
l'agriculture

Vers - 4000
Premiers dolmens et menhirs

- 2200
Début de
la métallurgie

- 1200
Des Celtes (les Gaulois) commencent à arriver en Gaule

- 600
Des Grecs fondent Marseille

PALÉOLITHIQUE NÉOLITHIQUE

GAULOIS

PRÉHISTOIRE

- 400 - 300 - 200

– 52
Victoire de César
à Alésia

212
Édit de Caracalla
Les Gaulois
deviennent citoyens
romains

313
Édit de Milan
Le christianisme
est autorisé

Arènes de Nîmes
Pont du Gard

GAULE ROMAINE

– 100 | **– 52** | 0 | 100 | 200 | 300 | 400

Le Paléolithique

La Préhistoire va de l'apparition de l'Homme jusqu'au début de l'écriture. Le Paléolithique, « l'âge de la pierre taillée », est la première période de la Préhistoire. On connaît les humains de cette époque grâce aux vestiges qu'ils ont laissés (peintures, tombes, ossements, outils...) et qui ont été découverts et analysés par des scientifiques, les archéologues.

Les premiers humains

Les premiers humains sont apparus en France il y a près d'1,5 million d'années. Vers - 250 000 ans apparaît l'Homme de Neandertal, un homme plus savant que les précédents. Il sait faire le feu, taille les pierres et enterre ses morts. Mais il disparaît vers - 35 000 sans qu'on sache vraiment pourquoi. Un autre humain plus intelligent encore, arrive en Europe et en France vers - 40 000. C'est « l'Homo sapiens » ou « homme savant », appelé aussi homme de Cro-Magnon. Il a les mêmes capacités intellectuelles et le même aspect physique que nous. Il peuple non seulement l'Europe mais toute la Terre. C'est l'homme actuel dont nous sommes tous issus.

Les chasseurs du Paléolithique

La grotte de Lascaux

Les peintures de la grotte de Lascaux ont été réalisées vers -18 000. On y trouve près de 1900 figures d'animaux peints et gravés, presque toujours des gros animaux. À cause des dégradations liées au tourisme, la grotte a été fermée en 1963 et on en a fait une copie exacte qu'on peut visiter à 200 mètres du site.

Des chasseurs nomades

Les principales activités des premiers « Homo sapiens » sont la chasse et la cueillette. Entre -40 000 et -10 000, en France, le climat est froid. De grands animaux comme le renne, le mammouth, le bison, le rhinocéros laineux fournissent de la viande en quantité !

Pour chasser, les humains fabriquent des armes redoutables en silex, une pierre très dure. Ils taillent les silex en les frappant les uns contre les autres, puis ils les emmanchent sur des morceaux de bois pour en faire des haches, des lances ou des flèches. Ils travaillent aussi l'os ou l'ivoire.

Comme ils suivent le gibier, ils ne vivent pas à un endroit fixe : ils sont nomades. Ils se couvrent de peaux de bêtes qu'ils cousent ensemble grâce à l'aiguille, une nouvelle invention. Ils dorment dans des tentes de peau, ou à l'entrée des grottes où ils peuvent se réfugier en cas de pluie ou de danger. Ils savent très bien faire le feu qui leur permet d'éloigner les animaux sauvages la nuit mais surtout de se chauffer et de cuire les aliments.

Des croyants et des artistes

Les « Homo sapiens » enterrent leurs morts avec leurs objets. Ils croient sans doute qu'il y a une vie après la mort.

À partir de -20 000 environ, ils réalisent de très belles peintures sur les parois des grottes : les peintures rupestres. Elles représentent des bisons, des mammouths, des rhinocéros, bref le gros gibier qui les faisait rêver ! Les peintures sont situées dans des endroits très reculés des grottes et les artistes devaient s'éclairer avec des bougies à graisse ou des torches pour peindre. Elles sont nombreuses dans le Périgord et en Ardèche. Mais certaines grottes sont aujourd'hui fermées parce que les visites des touristes abîment les peintures.

un biface en silex

un harpon en os

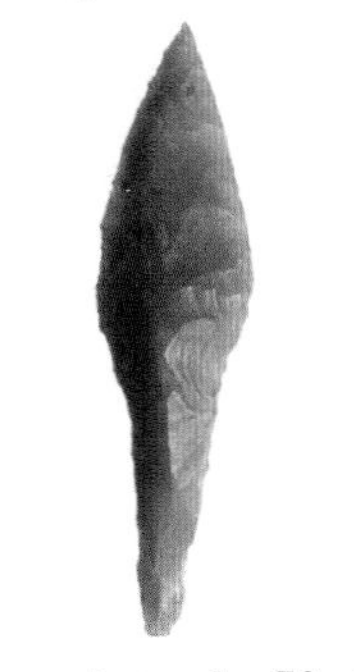

une pointe de flèche en silex

Des objets du Paléolithique

Le Néolithique

une hache en pierre polie

une poterie

une faucille à lame de silex

Des objets du Néolithique

À partir de −7000 environ, c'est le Néolithique, « l'âge de la pierre polie », la deuxième période de la Préhistoire. Les humains présents en France se mettent à faire de l'agriculture et deviennent sédentaires. Ils utilisent de nouvelles techniques et construisent les premiers monuments.

Des agriculteurs sédentaires

En France, à partir de -10 000, le climat se réchauffe. Les troupeaux de rennes, les mammouths, les rhinocéros laineux partent vers le nord de l'Europe, où il fait plus froid et où ils se sentent mieux. Les populations commencent à chasser des animaux plus petits, comme ceux que nous connaissons. À partir de -7000 l'agriculture se répand lentement sur le territoire. On se met à cultiver des céréales et à faire de l'élevage pour avoir du lait et de la viande.

Les humains doivent désormais s'occuper de leurs champs et de leurs animaux. Ils ne peuvent plus faire de grands déplacements. Ils deviennent donc sédentaires, c'est-à-dire qu'ils se fixent dans des habitations. Ils construisent des maisons en bois et en torchis, un mélange de paille et de terre.

De nouvelles techniques

Pour cultiver, on utilise de nouveaux outils comme la faucille qui sert à moissonner les céréales, ou la meule qui permet de moudre le grain. La roue fait aussi son apparition ainsi que le chariot. Les outils sont souvent en pierre polie, ce qui les rend plus efficaces que l'ancienne pierre taillée.

Pour conserver les produits agricoles, on fabrique des poteries. On commence aussi à tisser des vêtements en laine ou en fibres végétales (chanvre, lin) ; ils ne sont donc plus seulement en peaux d'animaux.

Peu à peu, certaines personnes se spécialisent dans la fabrication d'objets. Ce sont les artisans. Pour obtenir leur nourriture, ils échangent ou troquent une partie de leurs produits contre ceux des agriculteurs.

Les dolmens et les menhirs

Les habitants du Néolithique édifient des monuments en grosses pierres, les mégalithes. Les dolmens sont des tombeaux pour abriter les morts. Les menhirs sont des pierres dressées et alignées, peut-être pour honorer le soleil. La construction des mégalithes est difficile car les pierres sont très lourdes.

Elle prouve que les populations étaient capables de s'entendre pour mener des travaux en commun.
À partir de – 3000, les humains commencent à fabriquer des objets en métal : c'est le début de la métallurgie et la fin du Néolithique.

-1200 -52

Les Gaulois

On appelle Gaulois les Celtes qui se sont établis en Gaule à partir de −1200. Leur civilisation a duré jusqu'à la conquête romaine, qui a eu lieu au milieu du Iᵉʳ siècle avant Jésus-Christ (J.-C.).

Les Gaulois sont des Celtes

À partir de −1200, les Celtes, originaires d'Europe centrale, migrent vers l'ouest et occupent peu à peu un immense espace qui comprend presque toute l'Europe du centre et de l'Ouest. Leurs migrations continuent longtemps : en 390 avant J.-C., ils pénètrent en Italie et pillent Rome quatre ans plus tard. Les Romains vont longtemps garder le souvenir de cette humiliation !

Les Celtes installés en Gaule, qu'on appelle les Gaulois, sont divisés en de nombreux peuples : il y a les Éduens, les Arvernes, les Carnutes, les Bituriges, les Rèmes, les Parisii... Ce sont des peuples différents mais qui ont des langues et des modes de vie très proches. Vers 600 avant J.-C., des Grecs venus de la cité de Phocée fondent Massalia (Marseille) sur la Côte méditerranéenne. Ils font du commerce avec les Gaulois.

Les principaux peuples gaulois au IIᵉ siècle avant J.-C.

La société gauloise

Les peuples de Gaule sont indépendants et ont chacun leur gouvernement. Ils se font souvent la guerre pour étendre leur territoire. Les guerriers combattent parfois nus. Ils poussent des cris et tirent la langue pour intimider leurs adversaires ! Ils coupent les têtes de leurs ennemis vaincus et les font pendre à l'encolure de leurs chevaux.

La grande majorité des Gaulois sont des paysans qui cultivent des céréales et font de l'élevage. Les artisans fabriquent des armes en fer, et savent très bien travailler le bois : ils ont inventé le tonneau ! Ils ont aussi inventé le savon et les « braies », l'ancêtre du pantalon.

Les routes ne sont pas bonnes et elles ne sont pas sûres. Les Gaulois empruntent plutôt les fleuves pour le transport. Le commerce est donc limité.

Il y a très peu de villes. En revanche, les Gaulois du centre de la Gaule construisent des places fortes sur les hauteurs. Elles sont composées de quelques bâtiments épars entourés de longs remparts. Ces *oppida* (au singulier *oppidum*) servent de refuge pour les guerriers et les populations lors des guerres.

Un cavalier gaulois
et sa monture
au Ier siècle avant J.-C.

La religion et les druides

Les Gaulois ont de nombreux dieux, sans doute plus de 400 ! Les principaux sont Épona (la déesse de la fertilité), Taranis (le dieu du ciel), Cernunnos (un dieu avec des bois de cerf), Teutatès (le dieu de la guerre). Pour honorer leurs dieux, ils construisent des sanctuaires en bois. Ils y font des sacrifices d'animaux ou y entassent les corps de leurs ennemis morts pour les offrir aux dieux.

Les druides dirigent la religion. Ils parlent au nom des dieux et ont donc une grande autorité. Ce sont aussi des savants qui maîtrisent l'astronomie et les sciences naturelles. Ils sont les seuls à savoir écrire, en utilisant l'alphabet grec. Ils rendent la justice et donnent un enseignement aux jeunes. Une fois par an, venus de toute la Gaule, ils se réunissent dans la forêt des Carnutes pour discuter des affaires communes et régler les conflits entre les peuples.

Les Gaulois ne ressemblaient pas à Astérix !

Il faut raser les moustaches d'Astérix : les Gaulois n'en portaient pas ; supprimer le travail d'Obélix : les menhirs et les dolmens ont été construits bien avant l'arrivée des Celtes ; changer le menu des banquets : les Gaulois mangeaient rarement du sanglier mais beaucoup de céréales, des lentilles, du cochon, du bœuf, du chien... Pauvre Idéfix ! En revanche les Gaulois étaient bien querelleurs (pour s'emparer du pouvoir), batailleurs (la guerre était fréquente) et ils buvaient beaucoup de bière !

César et Vercingétorix

Le Romain César fait la conquête de la Gaule de 58 à 53 avant J.-C. Mais en 52, Vercingétorix parvient à soulever les Gaulois contre l'occupation romaine. On connaît bien la guerre grâce à « La Guerre des Gaules », un livre que César a écrit pendant la conquête.

César et la conquête de la Gaule

Entre - 125 et - 121, les armées romaines remportent plusieurs victoires contre les peuples gaulois dans le sud de la Gaule. Ils y créent une nouvelle province romaine qu'ils appellent la « Gaule transalpine ».

En 59 avant J.-C., Jules César, ancien consul de Rome, est nommé gouverneur romain de cette province. Il espère conquérir toute la Gaule et obtenir ainsi la gloire qui lui permettra de prendre le pouvoir à Rome.

En cette même année, le peuple helvète quitte la Suisse et traverse la Gaule en ravageant le territoire des Éduens. Ces derniers appellent alors César à leur secours. En 58 avant J.-C., César entre en Gaule avec ses légions et repousse les Helvètes.

Puis il commence la conquête. Il s'allie à certains peuples gaulois pour combattre les autres peuples gaulois. En 53, la Gaule est soumise et César s'apprête à rentrer à Rome, fier et glorieux. Mais c'est compter sans Vercingétorix…

Le soulèvement de Vercingétorix

Vercingétorix est un jeune chef arverne. En 52 avant J.-C., il soulève de nombreux peuples gaulois contre l'occupant. La guerre recommence.

Plutôt que d'affronter directement César, le chef gaulois pratique la « tactique de la terre brûlée » qui consiste à détruire les récoltes pour affamer les Romains.

César parvient à s'emparer de Bourges (Avaricum), massacre tous ses habitants et se ravitaille. Puis il assiège

La guerre de César en Gaule

Territoire conquis par Rome en 121 avant J.-C.

Campagnes des armées de César (–58 à –52)

Les batailles en –52

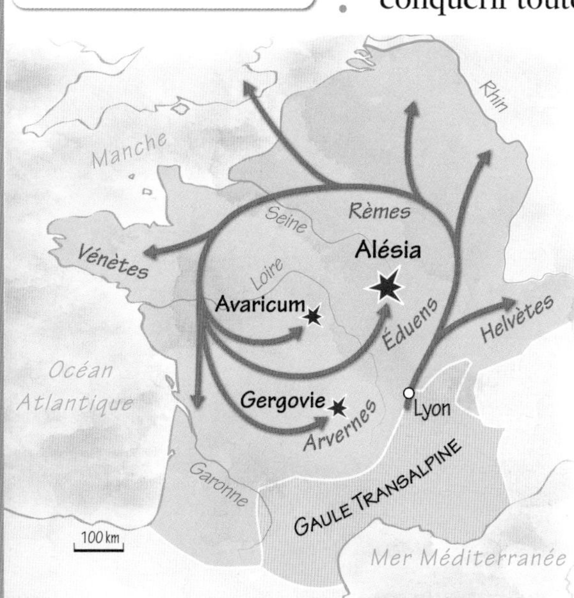

4

l'oppidum de Gergovie. Mais, attaqué par les troupes gauloises venant de l'extérieur, abandonné par ses alliés éduens, il lève le siège. C'est une grande victoire gauloise !
Cependant, César reprend très vite l'offensive. Vercingétorix s'enfuit et se réfugie dans l'oppidum d'Alésia avec une armée de 80 000 hommes.

Vercingétorix se rend à César à Alésia
Tout n'est pas juste dans ce tableau du XIXe siècle, favorable au chef gaulois. Vercingétorix ne devait pas être si fier de se rendre !
Tableau de L. Royer, 1899.

La victoire de César à Alésia (52 avant J.-C.)

César commence alors le siège d'Alésia. Il fait construire deux lignes de fortification autour de l'oppidum, l'une pour empêcher les Gaulois de sortir de la ville et l'autre pour barrer la route aux Gaulois qui pourraient venir secourir Vercingétorix. Les renforts gaulois arrivent mais ils ne parviennent pas à passer les fortifications romaines. Vercingétorix comprend que tout est perdu et il se rend.

Les guerriers d'Alésia sont faits prisonniers puis vendus comme esclaves. Vercingétorix est emmené à Rome où il est emprisonné six ans dans un minuscule cachot. Puis, lorsque César défile pour son triomphe, il le fait traîner ligoté dans les rues de Rome, avant de le faire étrangler.

Le siège d'Alésia reconstitué

1 Alésia protégée par un mur d'enceinte. Vercingétorix s'y est réfugié.

2 César construit deux lignes de remparts avec des tours, précédées de fossés et de pièges.

3 Camps romains avec des légionnaires romains.

4 Armée de secours gauloise. Trois attaques échouent.

La Gaule romaine

Après la conquête de la Gaule par les Romains, les Gaulois adoptent peu à peu leur langue et leur mode de vie. Ils deviennent des Gallo-Romains.

Un Gallo-Romain

Ce Gaulois du IIe siècle porte la toge, le vêtement des citoyens romains.

Statue en bronze, musée de Vienne, Isère.

La « paix romaine »

La Gaule romaine est divisée en plusieurs provinces. Chaque province est dirigée par un gouverneur romain. Il lève les impôts pour Rome et rend la justice dans les cas graves.

Dès la conquête romaine achevée, on construit en Gaule de nombreuses villes sur le modèle de Rome. Elles s'organisent autour d'une grande place rectangulaire, le forum. Elles possèdent des monuments romains : des thermes pour les bains, un théâtre, un amphithéâtre pour les combats de gladiateurs et de fauves, un ou plusieurs aqueducs qui conduisent l'eau jusqu'à la ville, un arc de triomphe. Lyon est la principale ville de Gaule. Les autres grandes villes sont situées dans le sud du pays : Orange, Arles, Nîmes...

Dans les campagnes, les Romains et de riches citadins créent de très grandes fermes, les villae. Ils y cultivent des céréales et de la vigne à l'aide de nombreux esclaves.

Rome construit aussi de belles routes pavées et rectilignes, les voies romaines. Elles permettent le déplacement rapide des soldats romains à travers la Gaule, mais elles facilitent aussi le transport des marchandises. Grâce à la « paix romaine », le commerce se développe beaucoup.

Les Gaulois se romanisent

Les Gaulois adoptent peu à peu le mode de vie et les loisirs des Romains. Ils vont aux thermes, assistent aux combats de gladiateurs, se rendent au théâtre...

Pour s'élever dans la société, il faut connaître la langue des Romains, le latin. Les riches Gaulois envoient donc leurs enfants dans des écoles où l'on enseigne le latin et étudie les auteurs romains. Peu à peu, le latin devient la langue des habitants.

Dans le domaine religieux, les Gaulois se mettent à honorer des dieux romains comme Mercure, Apollon, Mars qui remplacent ou s'ajoutent à leurs propres dieux. Dans les cités, on construit aussi des temples pour l'empereur, on fait des fêtes et des sacrifices en son honneur. Tous les ans, à Lyon, les délégués des cités gauloises se réunissent pour célébrer « le culte de Rome et d'Auguste (l'empereur) ».

Les Gaulois se distinguent de moins en moins des Romains. Au Ier siècle, l'empereur accorde la citoyenneté romaine aux Gaulois « méritants », ce qui leur donne les mêmes droits que les Romains.

En 212, tous les habitants libres de l'Empire et donc de Gaule sont faits citoyens romains par l'édit de Caracalla.

La Gaule romaine est menacée

Le Rhin protège la Gaule romaine des invasions des peuples germains. Mais à partir du IIIe siècle, des Germains, les Francs et les Alamans, traversent le fleuve et lancent des attaques sur le nord de la Gaule. Des bandes errantes formées de paysans ruinés, d'anciens soldats, d'esclaves en fuite parcourent le pays en créant de l'insécurité. Les villes de Gaule s'entourent de remparts. C'est la fin de la « paix romaine ».

Le théâtre d'Orange

Le théâtre d'Orange (106 mètres de diamètre) a conservé son mur de scène devant lequel jouaient les acteurs. Il pouvait accueillir 9000 spectateurs qui s'asseyaient sur les gradins.

L'arc de triomphe d'Orange

L'arc de triomphe marque l'entrée de la ville d'Orange. Il a été construit vers l'an 20 pour commémorer les victoires de Germanicus, le fils adoptif de l'empereur Tibère.

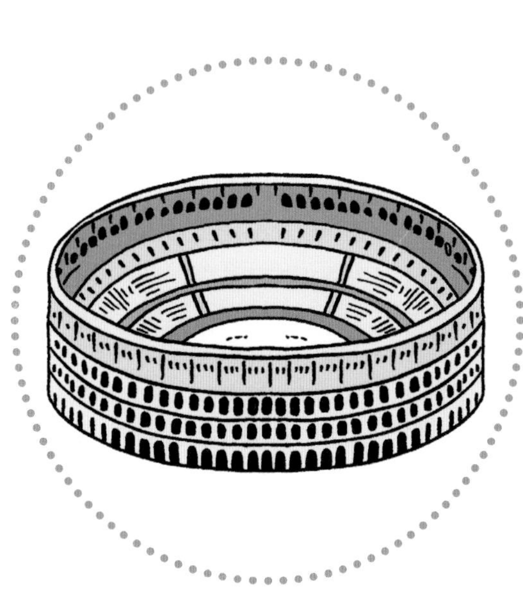

Les arènes de Nîmes (Ier siècle)

Il s'agit d'un amphithéâtre, construit sur le modèle du Colisée de Rome. On y assistait à des combats de gladiateurs, d'animaux ou à des chasses (hommes contre animaux). C'est un des plus grands amphithéâtres du monde antique.

Le pont du Gard (Ier siècle)

Il s'agit d'une partie d'un canal qui conduisait jusqu'à Nîmes des eaux de sources captées à 50 km de la ville. Pour que l'eau traverse la vallée du Gard on a construit un pont de 48 mètres de haut ! Au sommet du pont on peut encore voir le canal…

Vers 100 400

Les premiers chrétiens

Le christianisme est une religion née au Proche-Orient. Les premiers chrétiens apparaissent en Gaule dès la fin du Ier siècle. Malgré les persécutions, le christianisme se développe.

Les premiers chrétiens en Gaule

Au Ier siècle, au Proche-Orient, dans la Palestine romaine, une nouvelle religion apparaît : le christianisme. Ses adeptes sont les chrétiens. Pour eux, il n'y a qu'un seul Dieu et Jésus-Christ est son Fils. Ils croient dans le message que Jésus-Christ a transmis de son vivant : il faut aimer Dieu plus que tout et s'aimer les uns les autres ; il faut aussi abandonner les biens terrestres, et rester pauvre ; celui qui respectera ces règles vivra éternellement auprès de Dieu après sa mort.

Les chrétiens ont un livre, le Nouveau Testament écrit entre 50 et 100. Il comprend les Évangiles, qui rapportent la vie et les paroles de Jésus, et divers textes de ses disciples.

Le christianisme se développe peu à peu dans l'Empire romain. Il pénètre en Gaule par des marchands venus d'Orient à la fin du Ier siècle. On rencontre les premiers chrétiens dans les villes du Sud, le long de la vallée du Rhône et à Lyon.

Les Gallo-Romains deviennent chrétiens

Au Ier siècle, les habitants sont presque tous des païens qui croient en plusieurs dieux. Ils sont persuadés que les chrétiens, en refusant de faire les sacrifices aux dieux, provoquent leur colère. Les empereurs romains n'aiment pas non plus les chrétiens parce que ceux-ci ne veulent pas participer au culte impérial. En 177, sous l'empereur Marc Aurèle, de nombreux chrétiens sont exécutés dans l'amphithéâtre de Lyon : ils sont livrés aux fauves dans l'arène ! Ce sont les premiers martyrs de

Le martyre de Blandine

En 177, Blandine est suppliciée dans l'amphithéâtre de Lyon parce qu'elle ne veut pas abandonner sa foi chrétienne.
« Blandine était attachée à un poteau et exposée aux bêtes féroces ; aucune bête ne toucha le corps de Blandine. On la détacha donc du poteau. Après avoir souffert le fouet, la chaise de fer rougie au feu, elle fut enfermée dans un filet et on la jeta devant un taureau. Il la lança à plusieurs reprises en l'air avec ses cornes ; elle paraissait ne rien sentir, poursuivant son entretien intérieur avec le Christ. »

Lettre des chrétiens de Lyon adressée à des chrétiens d'Asie Mineure en 177.

Gouache du XIXe siècle représentant Blandine.

Gaule : des personnes qui préfèrent se laisser tuer plutôt que d'abandonner leur religion. Au IIIe siècle, les chrétiens sont de plus en plus souvent persécutés.

Mais en 313, l'empereur romain Constantin publie l'édit de Milan, qui autorise le christianisme. Puis, en 380, l'empereur Théodose interdit la religion païenne et fait du christianisme la religion officielle de l'Empire romain. La religion chrétienne se répand alors rapidement.

Les communautés chrétiennes

Dans chaque cité de Gaule, les chrétiens élisent à leur tête un chef religieux qu'on appelle l'évêque. Il est assisté par des prêtres qui célèbrent les offices et les baptêmes. Les diacres se chargent des autres tâches.

Le baptême marque l'entrée dans la communauté chrétienne. La personne est immergée dans un bain d'eau qui la purifie et est marquée ensuite avec des huiles saintes.

Le dimanche est le jour d'assemblée des chrétiens. Ils prient en commun, chantent et lisent le Nouveau Testament. Puis c'est la communion : ils consomment le pain et le vin que l'évêque ou le prêtre a consacrés. L'année chrétienne est rythmée par des fêtes qui rappellent les grands moments de la vie de Jésus, comme Noël en souvenir de sa naissance ou Pâques qui commémore sa résurrection.

À partir du IVe siècle, certains chrétiens s'éloignent du monde pour consacrer leur vie à la prière : ce sont les moines. Ils vivent parfois en solitaires dans les forêts (les ermites). Mais le plus souvent ils se regroupent dans des monastères où ils vivent en communauté.

Martin de Tours (316-397)

Légionnaire romain, il aurait un jour déchiré son manteau de soldat pour le donner à un pauvre qui avait froid. Le Christ lui serait apparu le lendemain en songe et c'est alors qu'il serait devenu chrétien. En 371, il est élu évêque de Tours et il fonde peu après le monastère de Marmoutier. À partir de cette date, il parcourt inlassablement les campagnes de la Gaule pour convertir les paysans au christianisme. Dès sa mort en 397, il est considéré comme un saint par les chrétiens de Gaule, qui vénèrent ses reliques à Tours.

Le Moyen Âge

(ve siècle - xve siècle)

- Au ve siècle, les Germains traversent le Rhin et envahissent l'Empire romain. Les Francs établissent leur domination sur la Gaule.
- À partir du xie siècle, le Moyen Âge se caractérise par une économie agricole, le morcellement du pouvoir aux mains des seigneurs, l'importance de la foi et de l'Église. Les rois sont faibles, mais ils se renforcent peu à peu par la guerre.
- Le Moyen Âge s'achève à la fin du xve siècle quand commence la Renaissance.

987
Hugues Capet
roi de France

1095
Première croisade
en Terre sainte

1214
Victoire du roi
Philippe Auguste
à Bouvines

1348
Peste noire

1429
Chevauchée
de Jeanne d'Arc

Les seigneurs châtelains

Églises romanes

Bernard de Clairvaux

Cathédrales gothiques

SAINT LOUIS

GUERRE DE CENT ANS 1337-1453

LOUIS XI

987 1100 **1226** **1270** **1461** **1483**

481 751

Clovis et les Mérovingiens

Au début du ve siècle, des peuples germains envahissent l'Empire romain d'Occident. Clovis, le roi des Francs, parvient à imposer son autorité sur presque toute la Gaule. Ses descendants, les Mérovingiens, gouvernent jusqu'au viiie siècle.

Les invasions germaniques

Durant l'hiver 406, plusieurs peuples de Germanie traversent le Rhin gelé et envahissent l'Empire romain d'Occident. En Gaule, ils forment les royaumes franc, wisigoth, alaman, burgonde. Un général romain, Syagrius, crée aussi un royaume romain.

Les conquêtes de Clovis

En 481, Clovis devient roi des Francs. Comme tous les Francs, il croit en plusieurs dieux : il est païen.

Aussitôt au pouvoir, Clovis part à la conquête des royaumes voisins. Il bat d'abord Syagrius à Soissons et s'empare de son royaume. Puis il écrase les Alamans à la bataille de Tolbiac en 496. Avant la bataille, il aurait juré de se convertir au christianisme s'il remportait la victoire. En effet, quelque temps après la bataille, il se fait baptiser ainsi que ses soldats par l'évêque Rémi à Reims.

Grâce à sa conversion, Clovis obtient le soutien des évêques et des populations chrétiennes face aux Wisigoths. Il les bat à Vouillé près de Poitiers en 507, et les repousse en Espagne. Il domine alors presque toute la Gaule.

Le règne des Mérovingiens

À la mort de Clovis, en 511, son royaume est partagé entre ses fils. Les rois qui descendent de Clovis et de son grand-père Mérovée sont les Mérovingiens. Ils règnent durant trois siècles. Ils se font la guerre presque sans interruption.

Mais à partir du viie siècle, ils ne gouvernent plus vraiment. On les appellera plus tard les « rois fainéants » ! En fait, ce sont leurs premiers ministres, les maires du palais, qui ont le pouvoir. En 732, Charles Martel, le maire du palais d'Austrasie, repousse les Arabes à Poitiers et

Le baptême de Clovis

Après la victoire, Clovis ❶ se fait baptiser à Reims par l'évêque Rémi ❷ avec 3000 de ses guerriers. À ses côtés il y a sa femme Clotilde ❸, qui était déjà chrétienne.

Détail d'une tablette en ivoire du ixe siècle, musée de Picardie, Amiens.

devient très populaire. Son fils, Pépin le Bref, renverse le dernier roi mérovingien en 751 et fonde la nouvelle dynastie des Carolingiens.

La transformation de la Gaule

Les Francs qui ont envahi la Gaule sont peu nombreux. Au ve siècle, ils forment environ 5 % de la population du pays. Ils parlent une langue germanique et obéissent à leurs propres lois. Mais peu à peu, ils se mélangent avec les populations locales et se mettent à parler le latin.

Sous les Mérovingiens, la population décline à cause des guerres, des famines et des épidémies. Il y a de moins en moins de commerce. La surface des villes diminue et les beaux monuments romains tombent en ruine. L'enseignement est abandonné et on sait de moins en moins lire et écrire.

En revanche, la foi chrétienne est de plus en plus intense. Les derniers païens se convertissent au christianisme. On commence à rendre un culte aux saints (ce sont des personnes mortes considérées comme admirables par l'Église). On se rend sur leurs reliques, qui sont des ossements ou des objets leur ayant appartenu. Les monastères se multiplient dans le pays.

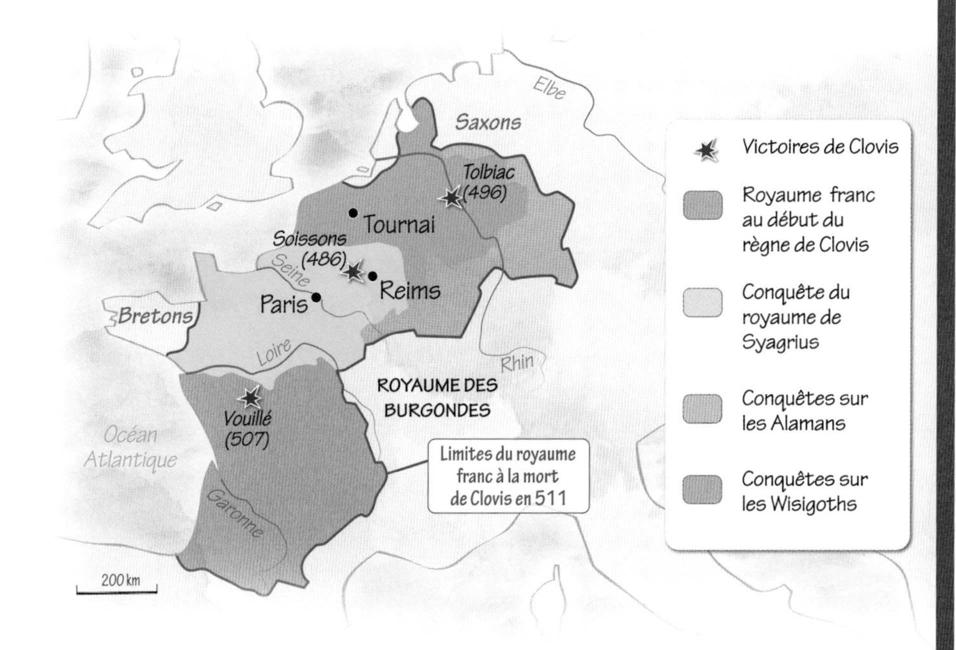

Les conquêtes de Clovis

Clovis récupère de vastes territoires en battant Syagrius, les Alamans et les Wisigoths.

Le vase de Soissons

Les Francs avaient l'habitude de se partager à égalité le butin des pillages. Lors d'un partage, qui a lieu à Soissons, Clovis récupère en plus de sa part un vase pris dans la cathédrale de Reims pour le rendre à l'évêque Rémi.

Furieux, un des soldats de Clovis brise alors le vase de sa hache.

Un an plus tard, alors qu'il passe en revue son armée, Clovis fracasse le crâne du guerrier en lui disant : « Souviens-toi du vase de Soissons ».

Charlemagne, empereur

En 751, Pépin le Bref renverse le dernier roi mérovingien et fonde la nouvelle dynastie des Carolingiens. Son fils Charlemagne, qui lui succède, crée un nouvel empire à l'ouest de l'Europe.

Charlemagne, nouvel empereur

À la mort de Pépin le Bref, son royaume est partagé entre ses deux fils Charlemagne et Carloman, mais Carloman meurt et Charlemagne reste le seul roi en 771.

Charlemagne est un jeune chef énergique et très chrétien.

Charlemagne est couronné empereur

En décembre 800, Charlemagne est couronné empereur par le pape Léon III dans la basilique Saint-Pierre de Rome.

Les conquêtes de Charlemagne

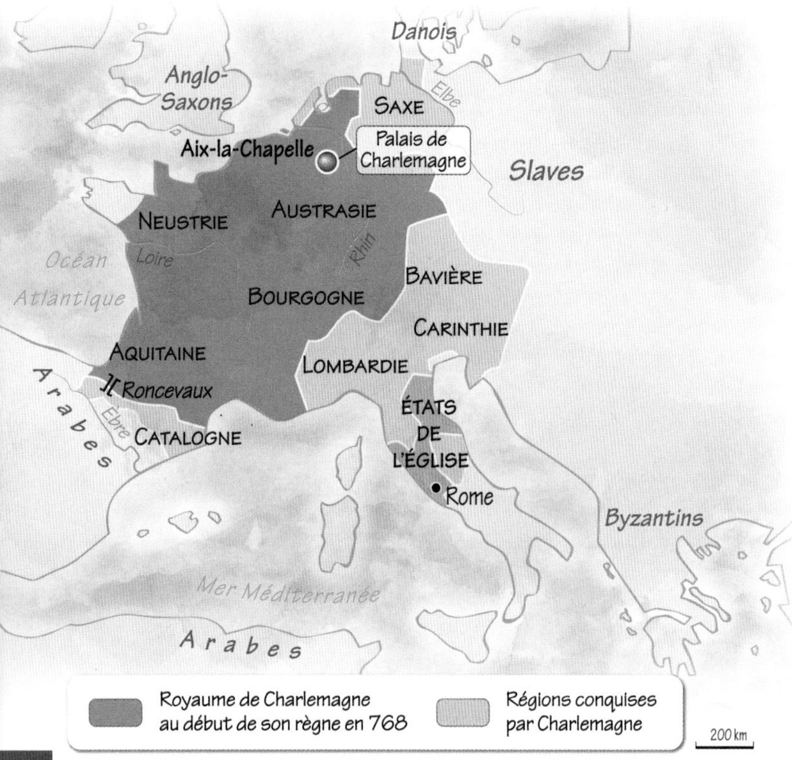

Il écrase les Lombards qui menaçaient le pape et devient leur roi. Il engage la lutte contre les musulmans du nord de l'Espagne, mais au cours de l'une de ses expéditions, une partie de son armée est massacrée au col de Roncevaux par des montagnards basques. C'est en Germanie, à l'est, qu'il obtient ses principales victoires. Il fait plusieurs guerres contre les Saxons, et les convertit de force au christianisme.

Charlemagne occupe alors une partie de l'Europe de l'Ouest et il apparaît comme le défenseur de l'Église. En décembre 800, alors qu'il est à Rome, le pape le couronne empereur.

L'organisation de l'Empire carolingien

Au début de son règne, Charlemagne n'a pas de résidence fixe et il se déplace d'un palais à l'autre. Mais à partir de 800, il réside dans son palais d'Aix-la-Chapelle, où il gouverne avec quelques conseillers, qui sont à la fois des serviteurs et des ministres.

L'Empire est divisé en près de 300 comtés dirigés par des comtes. Nommés par Charlemagne, les comtes lèvent les impôts, convoquent l'armée, rendent la justice en son nom. Ils reçoivent des terres pour paiement de leurs services. Une ou deux fois par an, ils se rendent dans des assemblées, les plaids, où l'empereur les consulte avant de faire ses lois.

Pour obtenir leur obéissance, l'empereur fait prêter aux comtes un serment de fidélité. Il les fait aussi contrôler par les *missi dominici* (« les envoyés du maître »), qui se déplacent de comtés en comtés.

La renaissance culturelle : les écoles, les manuscrits, les arts

Charlemagne s'entoure de gens cultivés tels Alcuin ou Eginhard. Il exige que les évêques et les monastères ouvrent des écoles et il en crée une aussi dans son palais. C'est pourquoi on dit que Charlemagne a inventé l'école ! Dans les monastères, les moines recopient les manuscrits avec un type de lettres beaucoup plus lisible qu'avant, la minuscule caroline, qui est assez proche de notre écriture. Ils décorent les manuscrits de jolis dessins, les enluminures.

À cette époque, l'orfèvrerie (le travail des métaux précieux) et le travail de l'ivoire font des progrès remarquables. Les églises, comme la chapelle du palais d'Aix, sont ornées de mosaïques.

Charlemagne meurt en 814. Son fils Louis le Pieux lui succède. Il dirige l'Empire carolingien jusqu'à sa mort en 840.

Statuette en bronze de Charlemagne

Cette statue équestre du IXe siècle mesure 24 cm. C'est la représentation de Charlemagne la plus proche de la réalité. Il porte une couronne à fleurs de lys et le globe de l'Empire.

Musée du Louvre, Paris, IXe siècle.

La fin des Carolingiens

Après la mort de Louis le Pieux, l'Empire est partagé entre ses trois fils. Les rois carolingiens, qui doivent affronter de nouveaux envahisseurs, règnent jusqu'à la fin du xe siècle.

Le partage de Verdun et les invasions

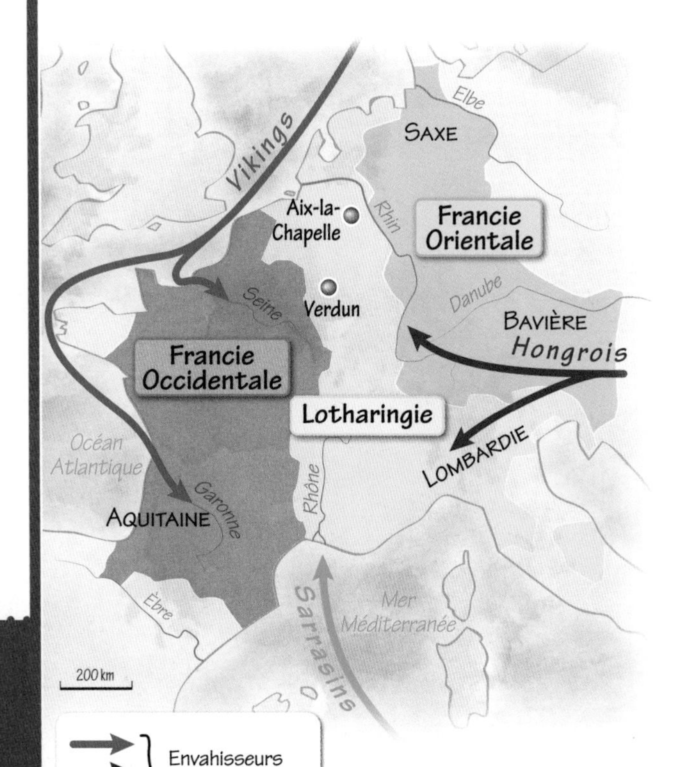

Le partage de l'Empire carolingien

À la mort de l'empereur Louis le Pieux, en 840, son fils aîné Lothaire prend sa succession. Mais les deux autres fils de l'empereur, Louis le Germanique et Charles le Chauve, veulent leur part de l'héritage. Lothaire finit par céder et signe avec eux le traité de Verdun en 843.

Le traité partage l'Empire en trois royaumes :

- Charles le Chauve reçoit la Francie occidentale qui sera plus tard appelée la France. On y parle des langues romanes, dérivées du latin.
- Louis le Germanique reçoit la Francie orientale (ou Germanie), où vivent des populations de langues germaniques.
- Lothaire conserve le titre d'empereur et reçoit la Lotharingie. Située entre les deux autres royaumes, la région sera finalement rattachée à la Germanie vers 880.

Le traité de Verdun est très important parce qu'on considère qu'il a donné naissance à la France et à l'Allemagne (la Germanie).

Les Vikings, les Sarrasins et les Hongrois

Au IXe siècle, les royaumes carolingiens sont attaqués par les Vikings. Ce sont des « Normands » (« hommes du Nord ») qui viennent du Danemark, de Suède et de Norvège. Ils remontent les fleuves sur leurs drakkars et pillent les monastères et les villes puis repartent avec du butin. Paris est attaquée quatre fois ! En 911, pour obtenir la paix, le roi de France remet au chef danois Rollon une grande région à l'ouest de la France, qui sera appelée « Normandie », à condition qu'il lui soit fidèle.

Il y a d'autres envahisseurs. Les Musulmans ou Sarrasins, venus d'Afrique et d'Espagne, lancent des raids (des attaques brutales) sur les côtes de Provence. Ils ne sont repoussés qu'à la fin du Xe siècle.

Venus de l'Est, les Hongrois pillent la Germanie et mènent des attaques jusqu'en Bourgogne et dans la vallée du

Rhône ; mais battus en 955 par le roi de Germanie Otton, ils se fixent peu après dans l'actuelle Hongrie.

Hugues Capet fonde la dynastie des Capétiens

Pendant les invasions, les rois carolingiens n'ont pas su protéger la population. Ils se sont aussi beaucoup appauvris en distribuant leurs terres à leurs fidèles. Les comtes profitent alors de la faiblesse du roi pour s'emparer du ban – le pouvoir de commander et de juger – dans leur comté. Puis, dans certains comtés, les seigneurs prennent à leur tour le pouvoir autour de leurs châteaux. Ils règnent en maîtres sur leurs terres. En France, le dernier roi carolingien meurt sans enfant en 987. Les grands seigneurs élisent le duc des Francs, Hugues Capet, pour lui succéder. C'est le début de la dynastie capétienne.

Un drakkar viking

Les Vikings remontaient le long des fleuves sur des drakkars (du danois *dreki*, dragon) et pillaient les monastères et les villes avant de repartir. Mais il leur arrivait aussi de faire du commerce avec les habitants.

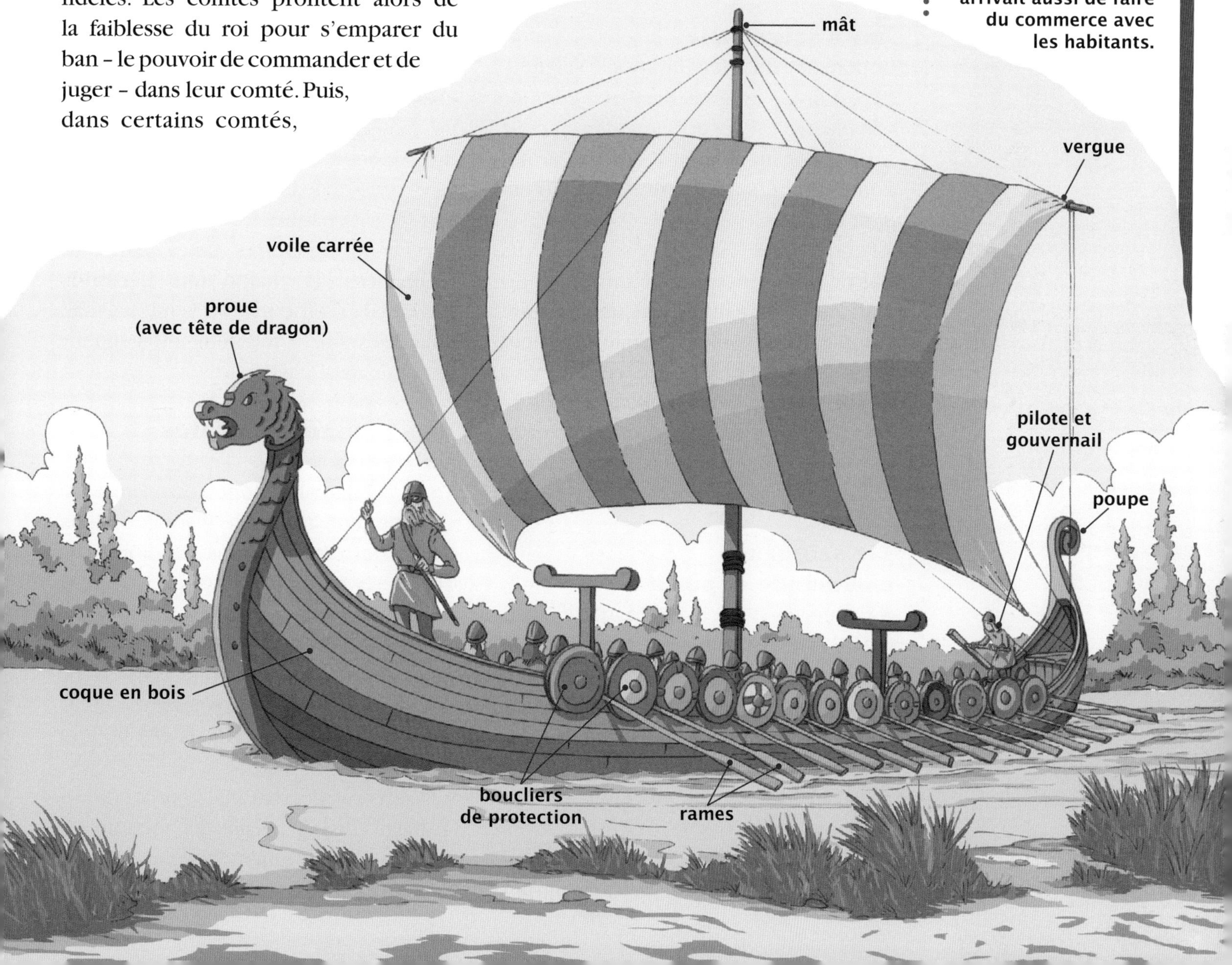

Les seigneurs et les paysans

Au XIe siècle, les seigneurs du royaume possèdent les terres et détiennent le pouvoir autour de leurs châteaux. On appelle cette période féodalité.

La seigneurie

Le domaine du seigneur, appelé seigneurie, est divisé en deux parties :

- la réserve est la partie que le seigneur garde pour lui. Il la fait cultiver par ses domestiques sous l'ordre d'un intendant.
- l'autre partie est composée de petits lots de terre, les tenures, cultivés par les paysans. Le paysan dispose de sa tenure comme si elle lui appartenait et il peut la laisser en héritage ou la vendre. Mais il doit en échange de celle-ci verser au seigneur une taxe qu'on appelle le cens, et fournir des corvées (des travaux gratuits) sur sa réserve.

Le seigneur commande et punit

Au cours du Xe siècle, profitant de l'insécurité et de la faiblesse des rois puis des comtes, les seigneurs châtelains ont pris le pouvoir autour de leurs châteaux. Ils commandent la population, rendent la justice et assurent la sécurité sur leur territoire où ils sont devenus comme des « petits rois ».

En échange de la protection du seigneur, les paysans doivent lui payer un impôt, la taille, et lui fournir de nouvelles corvées pour la garde et l'entretien du château. Les paysans sont aussi obligés de moudre leur grain dans le moulin du seigneur, cuire leur pain dans son four, presser leur raisin dans son pressoir et, à chaque fois, ils doivent lui verser de nouvelles taxes appelées « banalités ». Et quand une personne traverse la seigneurie, ou vend des marchandises sur le territoire du seigneur, elle doit aussi payer.

Les paysans : « vilains » ou « serfs »

Tous les paysans sont sous l'autorité du seigneur mais on distingue deux catégories de personnes : les libres (ou vilains) et les non libres qu'on appelle les serfs. L'esclavage a peu à peu disparu après la période romaine et les serfs ne sont pas des esclaves. Mais ils ne peuvent pas quitter la seigneurie, ni se marier, ni hériter sans l'accord de leur seigneur.

Les serfs supportent mal leur condition. À partir du XIIe siècle, ils mettent de l'argent de côté pour racheter leur liberté. Le servage disparaît peu à peu.

Une seigneurie
❶ moulin à vent
❷ four
❸ pressoir
❹ péage
❺ moulin à eau
1
2
3
4
5

1000 1300

Les chevaliers

Le seigneur ne peut assurer seul la sécurité sur son domaine. Il s'attache donc le service de guerriers professionnels qui deviennent ses vassaux. Le seigneur et ses vassaux partagent une même vie de plein air, centrée autour de la guerre et des loisirs violents.

L'hommage

Le serment de fidélité

L'investiture (remise du fief)

Les trois étapes de la cérémonie de l'hommage

Le seigneur et ses vassaux

Le seigneur se lie à des guerriers par la cérémonie de l'hommage. Lors de cette cérémonie, le guerrier met les mains dans celles du seigneur. Puis il lui jure fidélité en tendant sa main sur une bible ou un objet sacré. Ensuite, le seigneur lui remet un fief, symbolisé par un objet comme une motte de terre ou un bâton. À l'issue de cette cérémonie, le guerrier devient le vassal du seigneur.

Le seigneur doit protéger son vassal et lui donner les moyens de se nourrir et de s'équiper : c'est pourquoi il lui remet un fief qui est en général un domaine agricole. De son côté, le vassal doit être fidèle à son seigneur, lui apporter une aide militaire et le conseiller. Il doit aussi l'aider financièrement dans quelques cas précis. S'il ne remplit pas ses obligations, le vassal est considéré comme un félon, c'est-à-dire un traître. Le seigneur peut alors lui reprendre son fief.
Le seigneur est à son tour le vassal d'un seigneur plus puissant ou du roi. Seul le roi n'est le vassal de personne.

Une éducation militaire

Le seigneur et ses vassaux sont des guerriers. Ils placent leurs fils dès leur plus jeune âge chez un parrain pour qu'il reçoive une éducation militaire. Après plusieurs années d'apprentissage, c'est la cérémonie d'adoubement. Le parrain remet ses armes au jeune homme et lui donne la colée, un grand coup sur la nuque. C'est ainsi qu'il est fait chevalier.

La vie des chevaliers

La guerre est la principale activité des chevaliers. Ils aiment se battre et raconter ensuite leurs prouesses, c'est-à-dire leurs actes de bravoure.
En dehors de la guerre, les chevaliers pratiquent la chasse à courre. Ils poursuivent un cerf, un chevreuil ou un sanglier avec une meute de chiens. Ils s'adonnent parfois à la chasse au faucon, qu'ils lancent sur des oiseaux ou du petit gibier.
Les chevaliers participent aussi à des tournois qui ressemblent à des batailles. Deux camps s'affrontent. Le but du

chevalier est de capturer des hommes du camp adverse qu'il libérera ensuite contre une somme d'argent, la rançon.
À partir du XIIe siècle, les mœurs s'adoucissent et les chevaliers aiment faire la cour aux dames dans le château.
Cet art de la séduction est appelé courtoisie.
Un bon chevalier est courageux au combat, généreux avec ses amis, loyal envers son seigneur, courtois avec les dames. Il défend les faibles et l'Église.
Tous les chevaliers connaissent ces règles de la chevalerie, mais ils ne les respectent pas toujours.
Les chevaliers ont donc des modes de vie qui les distinguent du reste de la population. Ils constituent la noblesse.

lance
heaume
cotte de mailles
écu
épée à double tranchant dans son fourreau

Un chevalier du XIIIe siècle avec ses armes

Lorsqu'ils partent au combat, les chevaliers portent une cotte de mailles composée de petits anneaux métalliques, qui couvrent presque entièrement leur corps. Ils se protègent la tête avec un casque en métal, le heaume, et le corps avec un long bouclier, l'écu. Ils ont deux armes offensives, la lance et la longue épée à double tranchant.

La chasse à courre

Les chevaliers adorent la chasse à courre. Avec une meute de chiens, ils se lancent à la poursuite du gros gibier. Lorsque l'animal est épuisé, ils le tuent à l'épée ou au poignard.

Miniature, Livre de chasse de Gaston Phoëbus, XIVe siècle, BNF, Paris.

ZOOM

Le château fort

Les premiers châteaux forts, au xe siècle, sont des tours en bois construites sur une butte de terre, qui est entourée d'une large enceinte. On les appelle les « châteaux à mottes ». Mais à partir du xie siècle, ils deviennent peu à peu d'imposantes forteresses en pierre.

Le château fort est presque imprenable. La meilleure façon de s'en emparer est de l'assiéger et d'en affamer les habitants pour qu'ils se rendent.

Le seigneur vit une grande partie de l'année dans le château avec ses vassaux. Il y organise des banquets et des fêtes où des troubadours racontent les actes héroïques des guerriers (chansons de geste) ou les combats d'un chevalier pour une dame (roman courtois).

Un château fort du XIIIe siècle

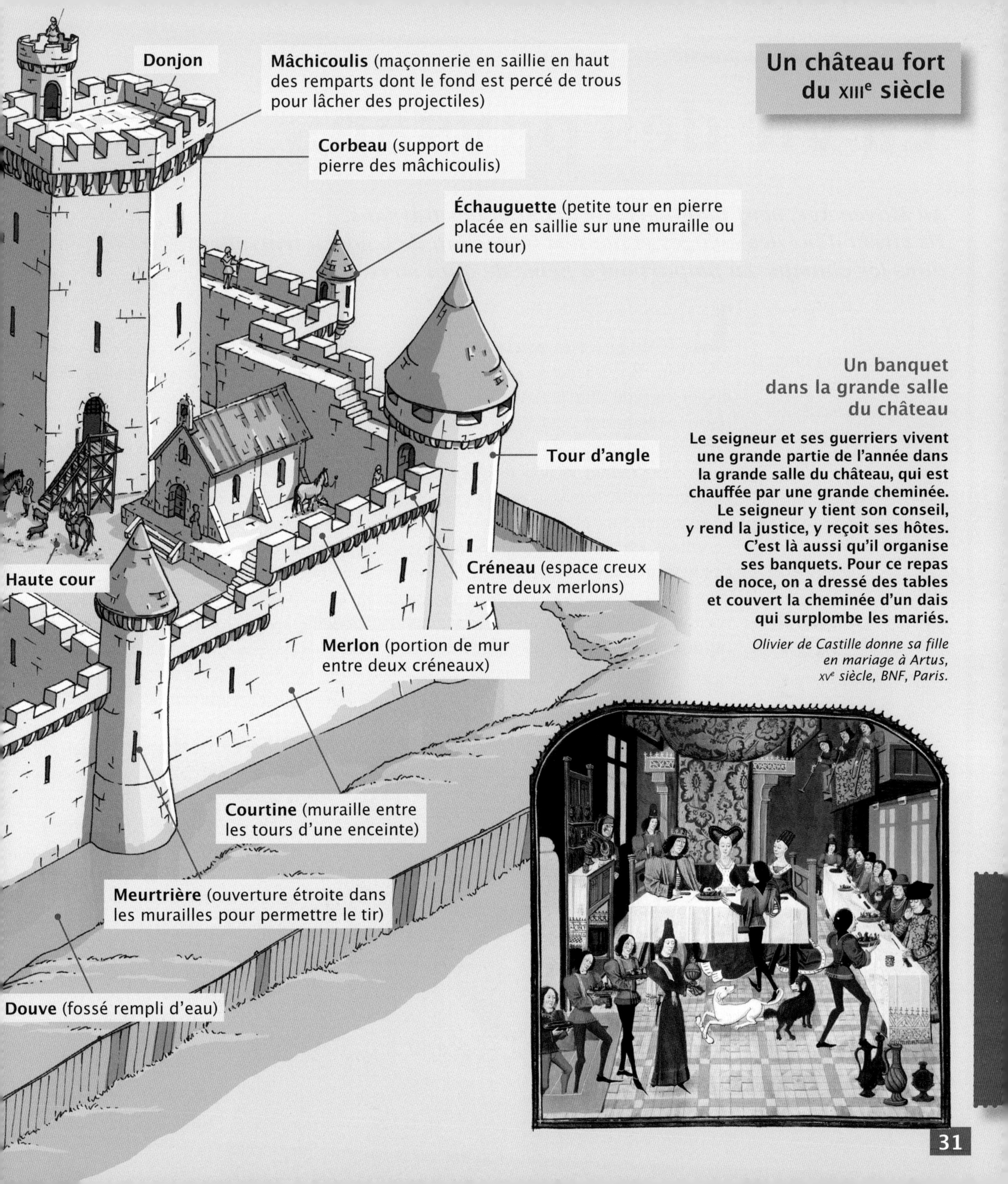

Un banquet dans la grande salle du château

Le seigneur et ses guerriers vivent une grande partie de l'année dans la grande salle du château, qui est chauffée par une grande cheminée. Le seigneur y tient son conseil, y rend la justice, y reçoit ses hôtes. C'est là aussi qu'il organise ses banquets. Pour ce repas de noce, on a dressé des tables et couvert la cheminée d'un dais qui surplombe les mariés.

Olivier de Castille donne sa fille en mariage à Artus, XVe siècle, BNF, Paris.

1000 1300

La vie des paysans

Au Moyen Âge, neuf habitants sur dix sont des paysans. Ils vivent dans des villages et passent beaucoup de temps à travailler dans les champs. La plupart ont à peine de quoi vivre.

Le village et la maison

Vers l'an Mil, les paysans, jusqu'alors dispersés dans des petits hameaux, se regroupent autour des églises en pierre. C'est la naissance des villages. Les habitants d'un même village forment une communauté villageoise où les gens se connaissent tous et s'entraident.

Le village est au centre d'une clairière. Les maisons sont bordées de petits jardins clos. Plus loin, ce sont les champs où l'on cultive des céréales, des vignes ou des arbres fruitiers. La forêt s'étend tout autour. Elle fait peur mais elle fournit du bois, des champignons et des fruits sauvages.

Les paysans habitent le plus souvent dans des maisons en bois et en torchis, un mélange de paille et de terre battue. La maison typique a deux pièces : une pièce à vivre avec le foyer pour faire le feu, et une chambre. Il y a peu de mobilier : une table sur tréteaux, des bancs, et des coffres. Le lit est très large et accueille toute la famille ! Les paysans les plus riches construisent d'autres bâtiments autour de la maison d'habitation pour les animaux et le matériel.

La maison du Moyen Âge

Les travaux des champs

Les travaux des champs dépendent de la saison :

- À l'automne ou au printemps, les paysans labourent la terre avec la houe, une sorte de pioche, ou avec la charrue. Puis ils sèment les grains.
- L'été, ils moissonnent le blé avec la faucille. Ils le battent ensuite avec le fléau pour séparer les grains des épis.
- En octobre, ils font la récolte du raisin : ce sont les vendanges.

La charrue à roue
La charrue permet de creuser profondément le sol et de le retourner. Chez les riches laboureurs, elle remplace la houe qui se manie à la main.
Miniature du XVe siècle, British Library, Londres.

Puis ils le foulent aux pieds dans une cuve pour obtenir le jus. Les résidus sont transportés au pressoir du seigneur.

- Durant l'hiver, les paysans prennent la hache en fer et abattent les arbres en bordure des forêts pour créer de nouveaux champs.

Les champs ne sont pas cultivés en permanence. Comme il y a peu d'engrais, il faut les laisser en jachère, c'est-à-dire sans culture, une année sur deux ou sur trois. Ils servent alors de pâturage pour les animaux.

Les femmes travaillent parfois au côté des hommes. Mais elles se chargent surtout des travaux de la maison : cuisine, linge, garde des enfants. Elles s'occupent aussi du jardin.

Juste de quoi vivre...

La plupart des paysans ont juste de quoi vivre. Ils paient beaucoup de taxes aux seigneurs. Si le climat est mauvais, la récolte est insuffisante. C'est alors la disette, c'est-à-dire le manque de nourriture. Les populations s'affaiblissent et les épidémies se répandent. Les premiers à mourir sont toujours les petits enfants et les vieillards.

Mais tous les paysans ne sont pas pauvres. Certains ont davantage de terres et possèdent des charrues. Ils vivent mieux que les autres.

Quelques travaux agricoles

La moisson à la faucille

Le battage au fléau

Le foulage du raisin

1000 1300

Les fidèles et les mécréants

Au Moyen Âge, presque tous les Français sont des chrétiens appartenant à l'Église catholique. On les appelle les « fidèles ». Il existe cependant une minorité de personnes que l'Église nomme les « mécréants », les « mauvais croyants ».

L'enfer ou le paradis ?

Les fidèles croient au message de Jésus-Christ et aux croyances définies par l'Église catholique.
Ils croient qu'après la mort, ils seront jugés par le Christ lors du Jugement dernier. Les bons, ceux qui se sont bien comportés, iront au paradis, les méchants en enfer.

Ils craignent donc de commettre des péchés qui peuvent les mener en enfer. Dans les églises, les fresques et les sculptures les mettent en garde contre les sept péchés capitaux : orgueil, envie, paresse, avarice, luxure, gourmandise et colère.

Un baptême
L'enfant est entouré par ses parents, son parrain et sa marraine. L'évêque le baptise au-dessus d'une cuve baptismale en lui versant un peu d'eau bénite sur la tête.

La vie est rythmée par la religion

La religion est très présente dans la vie des hommes et des femmes de l'époque. Ils prient plusieurs fois par jour. Le dimanche, ils se rendent à l'église pour assister à la messe où, parfois, ils communient. Le vendredi, ils mangent légèrement (on dit qu'ils jeûnent).
L'année est rythmée par les fêtes religieuses en l'honneur du Christ, de la Vierge et des nombreux saints. La fête de Pâques commémore la crucifixion et la résurrection de Jésus. Elle est précédée d'une période de jeûne de quarante jours, le carême, où le fidèle ne mange pas de viande.
Il y a aussi de grandes fêtes religieuses privées : le baptême du petit enfant, la confirmation par laquelle on renou-

velle son appartenance à l'Église, et le mariage. Ce sont des sacrements qui rapprochent les personnes de Dieu. Enfin, on est enterré dans le cimetière chrétien à côté de l'église.

Sur les routes des pèlerinages

La préoccupation essentielle des fidèles est d'obtenir le paradis. Pour y parvenir, ils font des dons à l'Église ou aux pauvres. Ils partent aussi en pèlerinage vers une des nombreuses églises qui abrite la relique d'un saint. Ils espèrent ainsi se rapprocher du paradis mais aussi se faire pardonner leurs fautes, voir leurs vœux s'exaucer ou guérir une maladie… Certains font des voyages très longs, au-delà du royaume de France, vers les grands lieux saints du monde chrétien : les tombeaux de Saint-Jacques à Compostelle au nord de l'Espagne, de Saint-Pierre à Rome et de Jésus-Christ à Jérusalem.

Les mécréants

Les Juifs vivent regroupés dans certains quartiers des villes. On leur interdit de posséder des terres et d'entrer dans l'administration. À la fin du XIIIe siècle, le roi leur fait porter une roue d'étoffe pour qu'on les distingue des chrétiens. Au début du XIVe siècle, il leur confisque leurs biens et les chasse du royaume (mais ils reviennent par la suite).
Les hérétiques sont les chrétiens qui ont des croyances condamnées par l'Église. À partir du XIIIe siècle, l'Église et le roi les combattent et leur interdisent de pratiquer leur religion.
L'Église accuse enfin certaines personnes d'être des sorciers ou sorcières, en liaison avec le diable, et d'opérer des maléfices. On les condamne à être brûlées vives.

L'église Sainte-Foy de Conques (XIe siècle)

Au XIe siècle, on construit de nombreuses églises en pierre. Elles ont une forme de croix. On les construit dans un nouveau style qu'on appellera plus tard le « style roman ». Sainte-Foy est une église de pèlerinage où l'on vénérait les reliques de la sainte.

Un pèlerin sur la route

Les coquilles sur le sac montrent qu'il revient de Saint-Jacques-de-Compostelle où est conservé le corps de Saint-Jacques.
Enluminure, manuscrit français du XIVe siècle.

Le clergé

Les clercs sont les personnes qui se consacrent entièrement à l'Église. Ils forment le clergé. On les distingue des laïcs, les personnes qui ne sont pas religieuses.

Le clergé séculier et le clergé régulier

Au cours du Moyen Âge, le pape (l'évêque de Rome) renforce son autorité sur l'Église catholique et il en devient le chef. Il contrôle les évêques et devient le supérieur direct des grands abbés.

L'évêque est le chef religieux d'un territoire qu'on appelle le diocèse. Le curé, nommé par l'évêque, se charge de la paroisse, une petite partie du diocèse, qui correspond en général à un village ou à un quartier de ville. Ce sont les évêques et les curés qui font la messe du dimanche et donnent les sacrements. Ils vivent parmi les laïcs et forment le clergé séculier.

Une abbaye cistercienne

Elle abrite des moines de l'ordre de Cîteaux. Les bâtiments s'organisent autour d'une cour appelée cloître où ils peuvent méditer.

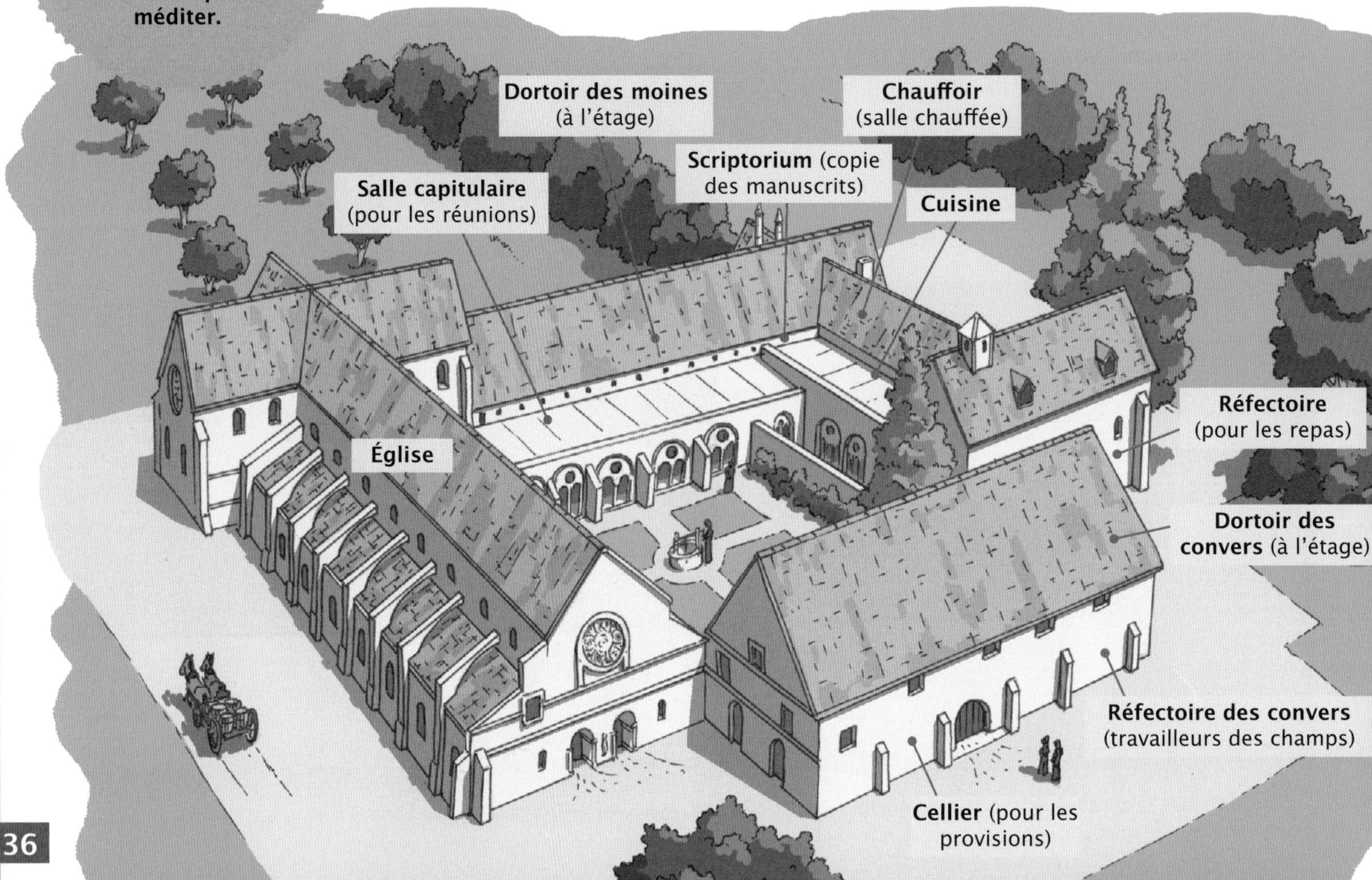

Les moines sont les religieux qui se consacrent à la prière. Ils vivent dans des monastères (ou abbayes) sous la direction d'un abbé et ils suivent la règle de vie établie dans le monastère. Ils forment le clergé régulier (du mot règle).
Le clergé lève un impôt sur les habitants, la dîme, et il reçoit les dons des fidèles. Les évêques et les abbés disposent en plus de vastes seigneuries qui leur permettent de très bien vivre.

Les ordres religieux

À partir du Xe siècle, beaucoup de monastères adoptent la règle de l'abbaye de Cluny en Bourgogne. On dit qu'ils appartiennent à l'ordre clunisien. Ils donnent une grande importance aux offices religieux qui doivent être magnifiques. Le travail des moines est limité à la copie des manuscrits.
Les monastères qui suivent la règle du monastère de Cîteaux se multiplient au XIIe siècle grâce à l'action de l'abbé Bernard de Clairvaux (1090-1153). Dans ces monastères cisterciens, il y a peu de décorations. Les moines doivent rester très pauvres et travailler de leurs mains.
Au XIIIe siècle, deux autres ordres religieux font leur apparition : l'ordre des Franciscains, fondé par l'Italien François d'Assise, et celui des Dominicains créé par l'espagnol Dominique. Ces moines d'un nouveau genre parcourent les villes en enseignant la parole de Dieu et en vivant de la charité. On les appelle les « Frères mendiants ».

L'Église dans la société

À partir du XIe siècle, les évêques essaient d'imposer la paix de Dieu. Ils interdisent aux chevaliers d'attaquer des personnes faibles ou désarmées. Ils leur demandent aussi de cesser de se battre une partie de la semaine. Ils menacent d'excommunier ceux qui ne leur obéissent pas. C'est une punition très grave, car celui qui est excommunié est chassé de l'Église et privé des sacrements.
L'Église prête par ailleurs assistance aux pauvres et aux malades. Les hôpitaux des villes, appelés « hôtels dieux » ou « maisons dieux », placés sous l'autorité de l'évêque, ont un personnel religieux, souvent féminin. Ils nourrissent et abritent les gens et leur donnent des soins gratuitement. Les monastères disposent aussi d'un lieu pour accueillir les pauvres et les malades.
L'Église s'occupe enfin de l'enseignement. Il est donné dans les monastères et dans les écoles épiscopales (des évêques) situées dans les villes. Les premières universités apparaissent aux XIIIe et XIVe siècles, à Paris et dans quelques autres grandes cités. Elles sont sous l'autorité directe du pape.

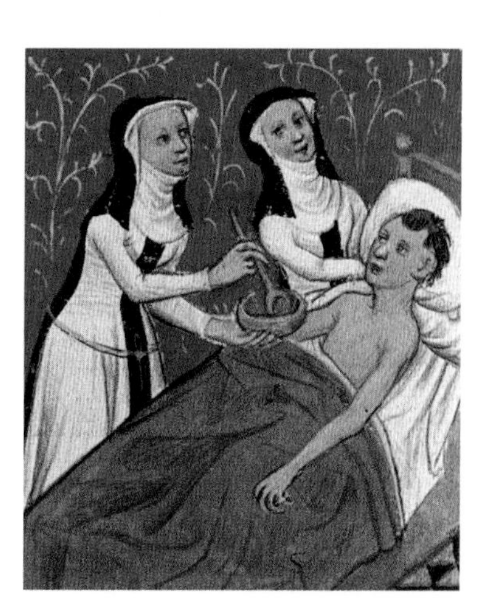

Des religieuses soignent un malade

Ces religieuses nourrissent et essaient de soigner les malades. Mais elles ont bien peu de connaissances médicales !

Miniature du XIVe siècle, bibliothèque de la cathédrale de Tournai.

L'enseignement à l'université

Les enseignants comme les étudiants ont la tonsure : ce sont des clercs. Les universités naissent au Moyen Âge. Après un enseignement généraliste qui le mène au baccalauréat, l'étudiant se dirige vers l'étude de la religion (la théologie), de la médecine ou du droit.

Miniature du XVe siècle, bibliothèque municipale de Castres.

À la croisade !

Les croisades sont les expéditions militaires lancées à partir du XIe siècle par le pape contre ceux qui ne sont pas catholiques. Plusieurs croisades vont au Proche-Orient pour libérer ou défendre Jérusalem. Mais il y a aussi des croisades en France contre les hérétiques cathares.

La première croisade (1095-1099)

Au XIe siècle, les Turcs musulmans occupent l'Asie Mineure, le Proche-Orient et Jérusalem où se trouve le tombeau du Christ. Le pèlerinage des chrétiens vers « la Terre sainte » devient difficile.

En novembre 1095, à Clermont en Auvergne, le pape Urbain II prend la parole : il appelle les chrétiens à libérer la Terre sainte. Il promet le paradis à ceux qui meurent au combat pendant le voyage ou pendant la bataille.

Dès l'appel d'Urbain II, une foule de pauvres gens se met en marche. On les appelle les croisés parce qu'ils cousent une croix sur leur vêtement. Ils traversent toute l'Europe centrale, en se livrant sur leur chemin à des pillages et des massacres de Juifs. Mais dès leur passage en Asie Mineure, ils sont anéantis par les Turcs.

La croisade des chevaliers part peu après, en 1096. Elle est conduite par de grands seigneurs francs. Après un long voyage, ils parviennent au Proche-Orient où ils prennent plusieurs villes. Ils s'emparent de Jérusalem après un mois de siège, le 15 juillet 1099. Ils la pillent et massacrent sa population... Puis ils se rendent sur le tombeau du Christ pour prier.

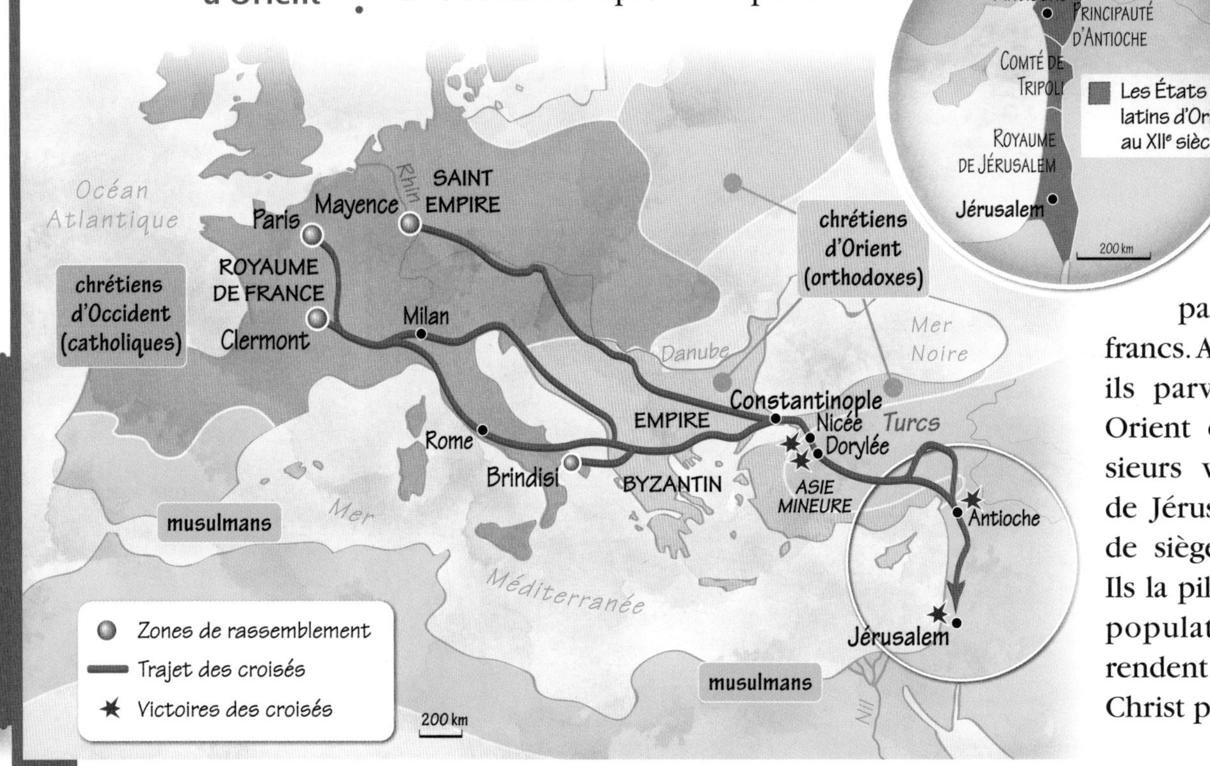

La première croisade et les États latins d'Orient

Les États latins d'Orient

Après la prise de Jérusalem, les croisés créent les États latins d'Orient. Ils sont dirigés par les chefs de la croisade et sont défendus par des « moines soldats » : les Hospitaliers, les Templiers, les Chevaliers teutoniques. Ces moines soldats construisent de puissantes forteresses aux frontières des États pour bien les protéger.

Les croisés ont beaucoup de mal à repousser les attaques des musulmans. Ils doivent régulièrement faire appel aux chrétiens d'Europe pour avoir de l'aide. Sept croisades successives se portent à leur secours. Mais en 1187, le chef musulman Saladin reprend Jérusalem. Puis, en 1291, les musulmans s'emparent des dernières villes tenues par les chrétiens. C'est la fin des États latins d'Orient.

Les croisades contre les cathares

Au XIIe siècle, la religion cathare se développe dans le sud-ouest de la France. En 1208, le pape Innocent III mène une croisade pour la combattre. Des chevaliers du nord de la France se lancent vers le sud et s'emparent de Béziers, qui abrite des cathares, et massacrent ses habitants (1209). Le roi de France dirige une seconde croisade quelques années plus tard. Puis en 1231, le pape crée les tribunaux de l'Inquisition qu'il charge de trouver et de juger les cathares qui se cachent. Quand ces derniers refusent d'abandonner leur religion, ils sont condamnés à être brûlés vifs.

Les cathares de Montségur sur le bûcher

En mars 1244, l'armée royale prend le château de Montségur, où s'étaient réfugiés les derniers hérétiques cathares. Près de 200 d'entre eux, qui refusent d'abandonner leur religion, sont envoyés au bûcher.

Miniature du XIIIe siècle, bibliothèque municipale de Toulouse.

Le siège de Jérusalem

Après un mois de siège, les croisés prennent la ville le 15 juillet 1099 grâce à des tours de siège mobiles.

1000 1300

La renaissance des villes

À partir du XIe siècle, le commerce s'anime et les villes se développent. Plus nombreux et plus forts, les habitants des villes parviennent à conquérir des « libertés ».

Le sceau urbain de Dijon

Les actes de la commune sont authentifiés par un sceau en cire placé sur le document. On y voit le maire et les échevins qui dirigent la commune. On peut y lire : « sceau de la commune de Dijon ».

Sceau du XIIIe siècle, Archives nationales, Paris.

L'essor du commerce et les foires

Durant les invasions des IXe et Xe siècles, le commerce a décliné. Mais à partir du XIe siècle, il reprend. Les routes sont protégées par les seigneurs et elles deviennent plus sûres pour les transports. On construit des ponts qui rendent les déplacements plus rapides. Les chevaux sont mieux attelés et ils ont désormais des fers à leurs sabots. Sur mer, les navires peuvent mieux se diriger grâce au gouvernail d'étambot, fixé à l'arrière de la coque. Les marchands disposent aussi de nouveaux moyens de paiement : des monnaies d'argent et d'or qui facilitent les gros achats. Ils s'associent pour leurs affaires et se regroupent dans des sociétés d'entraide, les guildes.

Au XIIIe siècle, les marchands d'Italie et de Flandres (la Belgique actuelle) se retrouvent dans les foires de Champagne à Troyes, Bar-sur-Aube, Provins… Les Italiens y apportent des soieries et des épices d'Orient qu'ils échangent contre les draps de laine des marchands flamands.

La croissance des villes

Les marchands et de nombreux artisans s'installent près des vieilles cités et autour des châteaux et des abbayes situés sur les principales voies du commerce. Les anciennes villes s'agrandissent et de nouvelles villes se forment.

Les villes médiévales sont protégées par des remparts. À l'intérieur, la plupart des maisons sont en bois et mal alignées. Les rues sont étroites et sinueuses, sans égout ni trottoir. Il y a souvent des incendies et des épidémies à cause de la saleté et de l'entassement des gens.

La population urbaine comprend les marchands et de nombreux artisans qui travaillent dans des petits ateliers ou boutiques. Mais il y a aussi des paysans, des clercs ainsi que

de pauvres gens qui survivent en pratiquant des petits métiers (porteurs d'eau par exemple), en mendiant et en volant.

La conquête des « libertés »

Vers l'an Mil, les habitants des villes sont, comme les paysans, sous la domination d'un seigneur qui prélève de nombreuses taxes et rend la justice. Mais les marchands et artisans supportent de moins en moins l'autorité du seigneur. Dans certaines villes, ils se rassemblent dans une association appelée « commune ». Contre de l'argent ou par la violence, ils obtiennent du seigneur la suppression du servage, la réduction des taxes, et surtout le droit d'avoir un Conseil communal formé de membres de la commune. Ces droits nouveaux sont consignés dans un document, la charte de commune.

Le nouveau Conseil communal est composé d'échevins ou de consuls et dirigé par un maire. Il siège à l'hôtel de ville situé sur la grande place. Il lève des impôts, rend une partie de la justice, entretient une milice pour assurer la sécurité de la ville et vote des règlements urbains. Parfois une grande tour, le beffroi, contient une cloche qui permet d'annoncer les dangers.

L'intérieur d'une ville du Moyen Âge

1. enseigne
2. pignon sur rue
3. encorbellement
4. auvent d'une boutique
5. étal d'une boutique
6. caniveau central

1150 1300

Les cathédrales gothiques

L'ange au sourire
(cathédrale de Reims)

À partir du milieu du XIIe siècle, on construit d'immenses cathédrales (églises des évêques) dans certaines villes du royaume. Elles ont un style d'architecture nouveau, le style gothique, qui va durer jusqu'au XVe siècle.

La construction des cathédrales

Au milieu du XIIe siècle, de grands chantiers s'ouvrent à Paris et dans les villes d'Île-de-France, pour construire de nouvelles cathédrales. Il faut qu'elles puissent accueillir une population citadine de plus en plus nombreuse. Elles doivent rendre gloire à Dieu et montrer la puissance de la ville.
Les cathédrales sont immenses : la voûte (le plafond de pierre voûté) de la cathédrale d'Amiens atteint quarante-deux mètres ! Leur construction exige souvent une main-d'œuvre et un temps considérables : les travaux peuvent durer de trente à cent ans. Les dépenses sont énormes. Elles sont financées par le clergé, le seigneur ou le roi, et les bourgeois de la ville (marchands et artisans) qui font des dons ou paient des impôts supplémentaires.

Vue extérieure de la cathédrale de Reims

Une architecture nouvelle

Pour construire ces immenses églises, on a dû inventer des techniques nouvelles. La voûte de l'église repose sur des arcs qui se croisent : la croisée d'ogives. Elle s'appuie sur les piliers de l'église. Les murs n'ont donc plus à supporter la voûte et on peut y percer de très larges fenêtres. Pour éviter que les piliers de l'église ne s'effondrent, on les soutient à l'extérieur par des arcs-boutants.
Le décor change. Les arcs que l'on trouve à l'intérieur et à l'extérieur du bâtiment sont brisés (ils ne sont plus demi-circulaires). Les fenêtres sont décorées de magnifiques vitraux de toutes les couleurs qui illuminent la cathédrale d'une belle clarté. Les sculptures ornent en général la façade extérieure de l'église. On y représente la Vierge (la mère de Jésus) et des saints. Leurs visages sont doux et accueillants.

La diffusion de l'art gothique

Parti des villes d'Île-de-France, le style gothique se diffuse peu à peu à travers l'Europe. Il inspire aussi des bâtiments qui ne sont pas religieux comme les hôtels de ville ou les demeures des riches marchands. Mais il reste un art des villes, un art urbain.

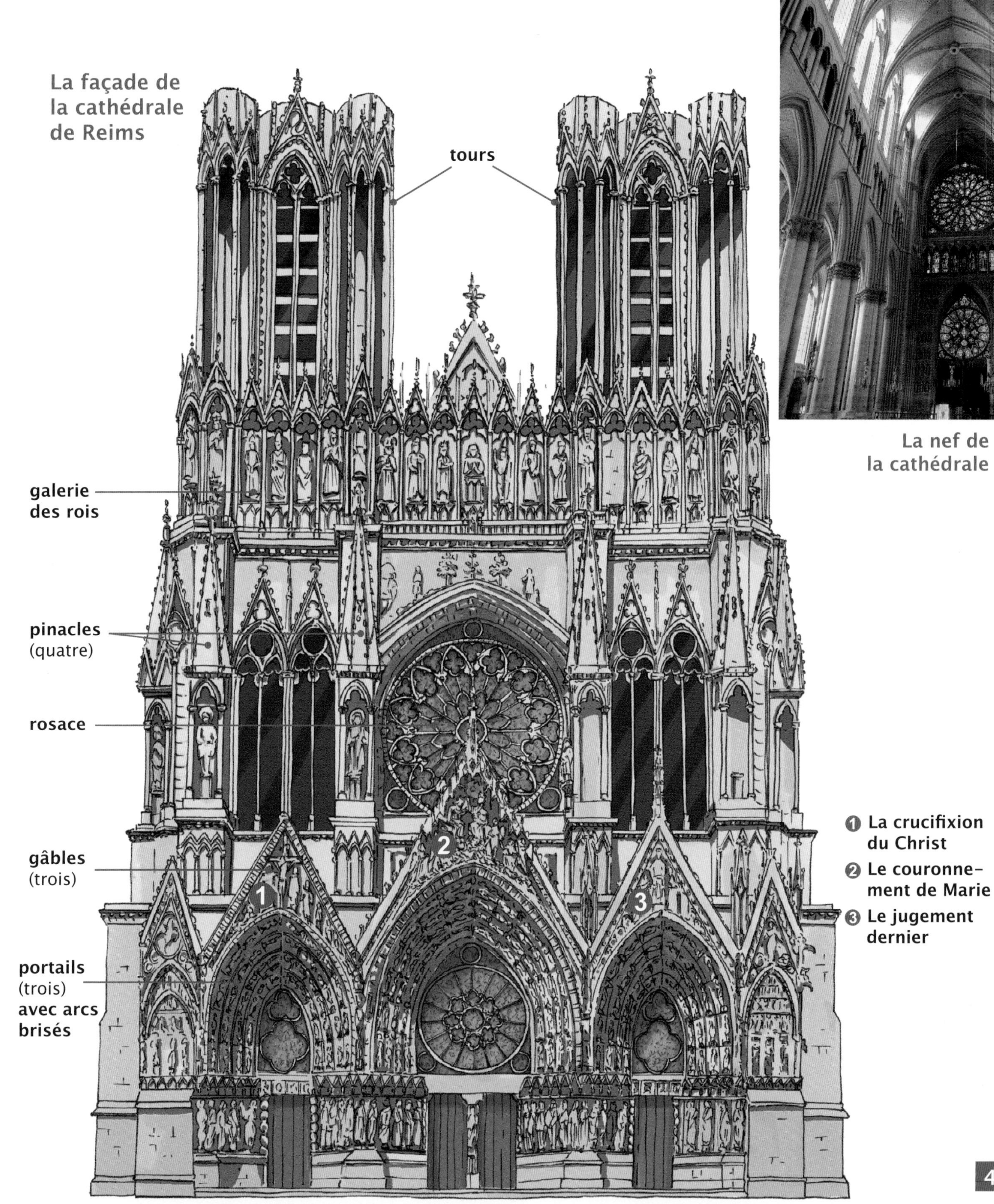

La nef de la cathédrale

1. La crucifixion du Christ
2. Le couronnement de Marie
3. Le jugement dernier

1100 1330

Les rois se renforcent

En 987, Hugues Capet a succédé au dernier roi carolingien et a fondé la dynastie des Capétiens. Les premiers rois sont faibles, mais à partir du XIIe siècle, ils renforcent progressivement leur pouvoir.

La faiblesse des premiers Capétiens

Les frontières du royaume de France ont été fixées en 843 par le traité de Verdun. La France est donc moins étendue à l'est qu'aujourd'hui : elle ne comprend ni l'Alsace, ni la Lorraine, ni les Alpes.

Au début de son règne, le roi se rend à Reims pour y être sacré. Lors de la cérémonie, l'évêque le marque d'une huile sainte puis lui remet la couronne et les autres insignes de la royauté. Le sacre donne au roi un grand prestige et le distingue des seigneurs. À sa mort, il se fait enterrer dans la basilique de Saint-Denis, près de Paris, où l'on peut encore visiter les tombeaux royaux.

Au XIe siècle, les rois sont faibles. Ils n'ont de pouvoir que sur leur seigneurie, le domaine royal, qui s'étend à cette époque de Paris à Orléans. Des seigneurs, plus ou moins puissants, se partagent le reste du royaume. Ils commandent, rendent la justice et lèvent les taxes à leur profit autour de leurs châteaux. Ils battent aussi leur propre monnaie. Ils sont certes les vassaux du roi, mais ils ne lui obéissent pas vraiment.

Après la bataille de Bouvines en 1214

Après avoir repris la Normandie au roi d'Angleterre Jean sans Terre, Philippe Auguste affronte ses alliés à Bouvines : le comte de Flandre, le comte de Boulogne et l'empereur de Germanie Otton IV. C'est une grande victoire pour Philippe Auguste ! Il revient vers Paris avec le comte de Flandre enchaîné dans une charrette. Le roi est acclamé par la foule massée sur les bords des routes.

Enluminure du XIIIe siècle, Bibliothèque royale Albert Ier, Bruxelles.

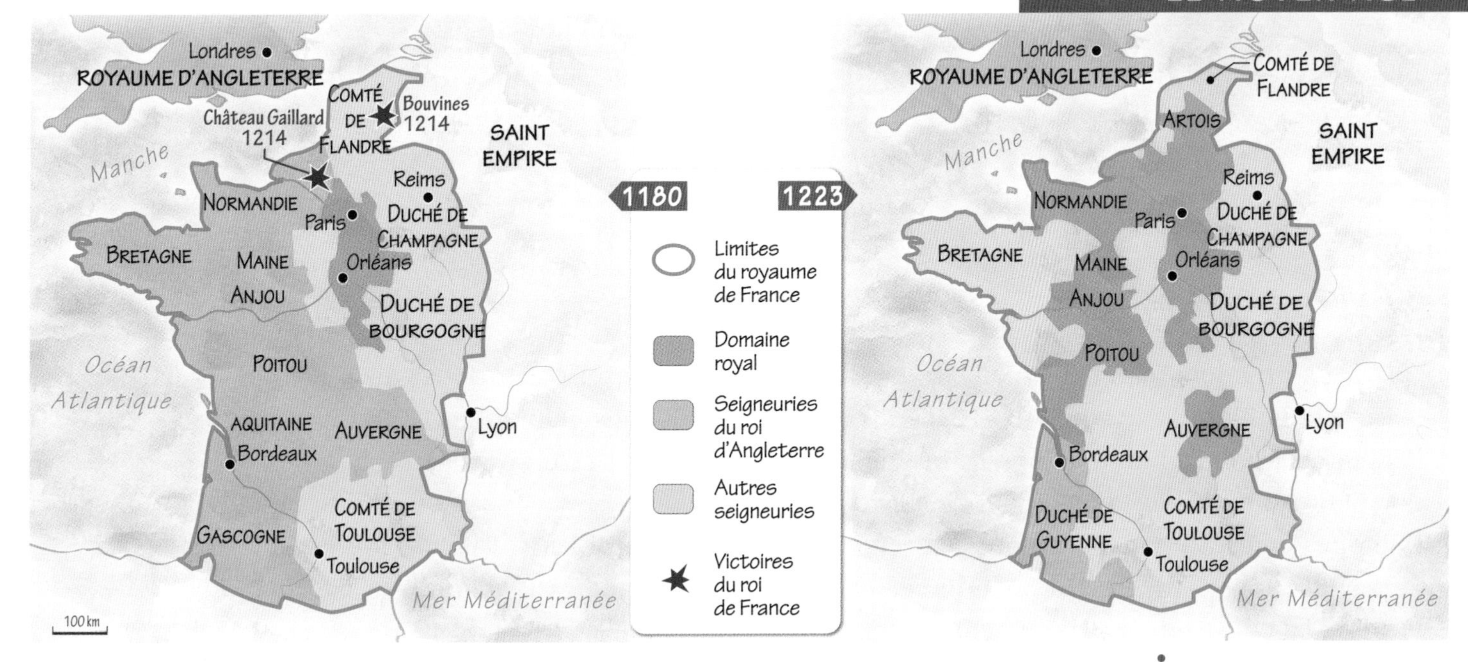

Le royaume de France au début et à la fin du règne de Philippe Auguste

Le roi étend son domaine

À partir du XIIe siècle, les rois étendent peu à peu leur domaine en rachetant des seigneuries, en épousant de riches héritières ou en faisant la guerre aux seigneurs.

Au milieu du XIIe siècle, le roi d'Angleterre est le plus grand seigneur du royaume. Il est duc de Normandie et de l'Aquitaine et comte de l'Anjou et du Maine. Il est en France plus puissant que le roi ! Le roi de France Philippe Auguste (1180-1223) décide alors de lui reprendre ses possessions françaises. En 1204, il s'empare de la Normandie. Puis en 1214, il remporte une grande victoire contre les alliés du roi d'Angleterre à Bouvines dans le nord de la France.

Le roi renforce son administration

Jusqu'au XIIe siècle, les rois étaient conseillés par une cour formée des vassaux. Au cours du XIIIe siècle, elle se divise en conseils spécialisés : le conseil du roi pour les affaires politiques, le parlement pour la justice, la chambre des comptes pour les finances royales.

Le roi se fait représenter dans le domaine royal par des délégués, les baillis (au nord) ou les sénéchaux (au sud), qu'il paie et peut renvoyer. Ils convoquent les vassaux du roi lors des guerres, lèvent les taxes pour le roi et rendent la justice en son nom. Pour éviter qu'ils commettent des malhonnêtetés, le roi les fait surveiller par des enquêteurs royaux.

Au XIIIe siècle, le roi impose aussi une monnaie d'or dans tout le royaume.

Le roi face au pape

Le roi devient puissant et il n'accepte plus que le pape se mêle de ses affaires. Philippe le Bel (1285-1314) s'oppose violemment au pape Boniface VIII, qui meurt quelque temps après avoir été giflé par un envoyé du roi. Puis il fait élire un pape français, Clément V, qui s'installe à Avignon. Sept papes vont se succéder au XIVe siècle à Avignon, où un magnifique palais a été construit.

ZOOM

Paris, capitale

Les premiers Capétiens n'ont pas de résidence fixe. Mais à partir du règne de Philippe Auguste (1180-1223), les rois résident la plus grande partie de l'année à Paris et en font une capitale magnifique. À la fin du XIIIe siècle, avec environ 200 000 habitants, c'est la plus grande ville d'Europe.

Philippe Auguste a fait construire une enceinte pour protéger Paris. L'île de la Cité est le centre politique et religieux de la ville. C'est là qu'ont été construits le palais du roi et la cathédrale Notre-Dame. La rive droite de la Seine est le domaine des marchands et des artisans. C'est le quartier des affaires. On y trouve les Halles, le grand marché de Paris. La rive gauche est le quartier des écoles et de l'université ainsi que des abbayes.

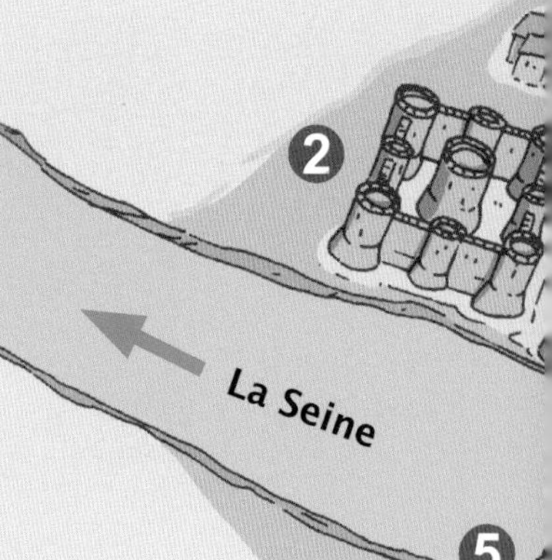

Les Halles, le grand marché parisien
Miniature du XIVe siècle.

Paris au XIIIe siècle

Porte Saint-Germ…

Lieux à fonction politique
1. Palais du roi
2. Louvre
3. Châtelet
4. Petit Châtelet
5. Tour de Nesle

Lieux à fonction économique
6. Place de Grève
7. Les Halles

Lieux à fonction religieuse ou intellectuelle
8. Cathédrale Notre-Dame
9. Hôtel-Dieu
10. Sorbonne (université)
11. Abbaye de Sainte-Geneviève
12. Cimetière des Innocents
13. Saint-Merri (église)
14. Saint-Germain-l'Auxerrois (église)

Porte Saint-Denis
Porte
ontmartre
Porte Saint-Martin
Enceinte de
Philippe Auguste
Rue Saint-Denis
Rue Saint-Martin
Le Marais
Pont aux
Meuniers
Île de la Cité
Pont
Notre-Dame
Porte
Saint-Antoine
Petit Pont
Île Notre-Dame
Rue Saint-Jacques
Île de Javiaux
La Seine
La Bièvre
Porte
Saint-Michel
Porte
Saint-Jacques
1
3
4
6
7
8
9
10
11
12
13
14

1226 1270

Saint Louis, un roi de France

Louis IX, roi de 1226 à 1270, est considéré comme le grand roi de France du Moyen Âge. Très chrétien, il est canonisé (transformé en saint) par le pape après sa mort. On connaît bien sa vie grâce à* La Vie de Saint Louis *écrite par son ami Jean de Joinville.

Le roi face aux seigneurs

Louis IX n'a que 12 ans à la mort de son père Louis VIII. Il est sacré roi à Reims en 1226 mais, comme il est trop jeune, c'est sa mère Blanche de Castille qui gouverne à sa place jusqu'à sa majorité.

Devenu adulte, Louis IX montre d'abord son autorité en combattant avec énergie les grands seigneurs du royaume qui se sont révoltés contre lui. Puis, durant son règne, il rattache le Languedoc, la Provence et d'autres régions au domaine royal, souvent en les rachetant aux seigneurs.

Louis IX signe une paix durable avec le roi d'Angleterre Henri III. Ce dernier ne conserve en France que le duché de Guyenne (l'Aquitaine) pour lequel il est vassal du roi de France.

Roi puissant, et réputé juste, Louis IX est souvent sollicité par les rois d'Europe pour qu'il arbitre leurs disputes.

Un grand administrateur

Louis IX nomme et paie des « officiers » (baillis, sénéchaux) pour le représenter dans le domaine royal. Afin qu'ils ne commettent pas d'injustice, il les fait contrôler par des enquêteurs royaux.

C'est sous son règne que l'ancienne cour royale qui conseillait le roi se divise en conseils spécialisés.

Le roi crée aussi une nouvelle monnaie en or, l'écu, qu'il diffuse dans tout le royaume.

Un roi très chrétien, mais intolérant !

Au début de son règne, Louis IX rachète à l'empereur de Constantinople la couronne d'épines que Jésus-Christ aurait portée. Il fait construire dans son palais de Paris la Sainte-Chapelle pour abriter la célèbre relique.

Louis IX en costume de sacre

Il porte les insignes du pouvoir royal, la couronne, le sceptre et la main de justice. Son manteau bleu est couvert de fleurs de lys, le symbole de la royauté capétienne. L'auréole au-dessus de sa tête (le nimbe) rappelle que Louis IX est devenu un saint.

Miniature, manuscrit du XIVe siècle.

Louis IX est un roi très pieux. Il s'habille simplement, assiste à la messe tous les matins, invite les pauvres à sa table comme le faisait Jésus-Christ d'après les Évangiles. Il crée un hôpital pour aveugles. Mais il est aussi très intolérant avec ceux qui n'appartiennent pas à l'Église. Il oblige les Juifs à porter une roue d'étoffe sur leur vêtement pour qu'on les distingue bien des chrétiens, et il leur interdit les emplois dans l'administration. Il fait aussi la guerre aux hérétiques cathares du sud-ouest de la France, parce qu'ils n'appartiennent pas à l'Église.

Les croisades du roi

En 1244, Louis IX décide de partir en croisade pour libérer Jérusalem qui avait été reprise par les musulmans. Il fait aménager le port d'Aigues-Mortes dans le sud de la France. De là, il part en bateau avec son armée en 1248, et débarque en Égypte. Mais les croisés subissent une cuisante défaite devant le Caire. Le roi est fait prisonnier et doit verser une énorme rançon pour être libéré.

À la fin de sa vie, en 1270, Louis IX conduit la huitième et dernière croisade. Il a alors 66 ans, c'est un vieil homme pour l'époque ! Il débarque en Tunisie mais il meurt de maladie sous les remparts de Tunis.

Intérieur de la Sainte-Chapelle

Elle a été construite par Louis IX dans son palais de la Cité à Paris. Elle abrite des reliques très précieuses de Jésus-Christ : la couronne d'épines et un morceau de la croix de Jésus. Construite entre 1242 et 1248, c'est un chef-d'œuvre de l'art gothique. Les murs ont quasiment disparu, remplacés par de grandes baies ornées de vitraux de couleurs.

Louis IX servant les pauvres

« Le roi faisait de très larges aumônes partout où il allait dans son royaume […]. Chaque jour, il donnait à manger à un grand nombre de pauvres […]. Et maintes fois, on le vit tailler lui-même leur pain et leur servir à boire. »

Jean de Joinville, *Vie de Saint Louis*, XIVe siècle.

1330 1480

Les débuts de la guerre de Cent Ans

La guerre de Cent Ans entre la France et l'Angleterre commence en 1337 et se termine en 1453.

Un problème de succession

En 1328, le roi de France Charles IV meurt sans fils et donc sans héritier direct. Or, le roi d'Angleterre Édouard III Plantagenêt est le neveu de Charles IV et son plus proche parent et c'est donc lui qui doit devenir roi de France. Mais les grands seigneurs du royaume l'écartent parce qu'il n'est pas « né du royaume » et qu'il est jeune. Ils préfèrent choisir un cousin de Charles IV, Philippe de Valois, qui devient donc roi sous le nom de Philippe VI (1328-1350).

En 1337, Édouard III exige la Couronne de France. C'est le début de la guerre de Cent Ans.

Les premières offensives des Anglais

La guerre commence mal pour les Français. Édouard III d'Angleterre anéantit la flotte française à l'Écluse, près de Bruges, en 1340. Puis, en 1346, il débarque en Normandie et remporte une grande victoire contre l'armée du roi de France à la bataille de Crécy. Édouard III arrive ensuite devant Calais et fait un long siège de la ville. Il épargne les habitants à la condition que les six plus

La bataille de Crécy (1346)

Les Anglais sont à droite, les Français à gauche. Avec leurs grands arcs, les archers anglais font pleuvoir une nuée de flèches sur les Français. Les cavaliers français ne peuvent pas charger, car ils sont gênés par leurs arbalétriers qui sont devant eux. Ils sont obligés de faire retraite. L'armée française perd des centaines de chevaliers.

Miniature du XVe siècle.

grands bourgeois lui soient livrés la corde au cou et les pieds nus, avec les clés de la ville !

En 1350, Philippe VI meurt et son fils Jean II le Bon (1350-1364) lui succède. Mais la guerre n'est pas finie pour autant ! Le Prince Noir, fils d'Édouard III, se lance dans une longue chevauchée qui ravage le sud-ouest de la France. À Poitiers, il capture Jean II le Bon qu'il ne libérera qu'en 1360.

Devenu roi, Charles V (1364-1380) recrute une armée permanente de soldats de six mille hommes. Secondé par son chef de l'armée, le connétable Bertrand Du Guesclin, il reprend au roi d'Angleterre les terres qu'il avait conquises en France, sauf le duché de Guyenne.

La France, déchirée, envahie, divisée

À la mort de Charles V, son fils Charles VI (1380-1422) devient roi, mais au bout de quelques années, il sombre dans la folie. Les partisans du duc d'Orléans (les Armagnacs) et ceux du duc de Bourgogne (les Bourguignons) essaient de prendre le contrôle du conseil du roi. Chaque groupe veut gouverner le royaume à son profit !

Le roi d'Angleterre Henri V profite de la faiblesse du roi et des divisions entre les grands seigneurs. Il débarque en France et écrase l'armée française à Azincourt en 1415. Très affaibli, et sous la pression des Anglais, Charles VI signe le traité de Troyes (1420) qui déshérite son fils et fait du roi d'Angleterre son héritier.

En 1422, à la mort de Charles VI, le roi d'Angleterre Henri VI devient donc roi de France. Mais il n'a que cinq ans ! Il est reconnu roi par les Anglais et les Bourguignons. Mais pour les Armagnacs et les provinces du sud du royaume, le vrai roi est Charles VII, le fils déshérité de Charles VI.

Le roi Charles V (1364-1380)

Le roi Charles V rétablit l'ordre dans le royaume. Avec son connétable Du Guesclin, il fait la reconquête du Sud-Ouest qui était tombé aux mains des Anglais. À Paris, il commence la construction d'une nouvelle enceinte autour de la ville et fait construire la forteresse de la Bastille pour empêcher les révoltes des Parisiens. Il fait aussi construire le château de Vincennes.

Le couronnement de Henri VI d'Angleterre à Paris (1422)

Jeanne d'Arc sauve le royaume

Depuis 1422, le roi d'Angleterre Henri VI règne sur le nord du pays soutenu par les Anglais et les Bourguignons. Mais pour les Armagnacs et les provinces du Sud le vrai roi est Charles VII, le fils déshérité de Charles VI.

La chevauchée de Jeanne d'Arc (1429-1431)

Jeanne d'Arc est une jeune paysanne du village de Domrémy en Lorraine. Très croyante, elle entend des voix de saints qui lui disent de libérer le royaume de France de l'occupation anglaise et de conduire Charles VII (1422-1461) à Reims pour qu'il se fasse sacrer.

À dix-sept ans, en 1429, coupant ses cheveux au bol et portant des habits masculins, elle se rend à Chinon où séjourne Charles VII. On raconte qu'elle le reconnaît immédiatement au milieu de ses courtisans alors qu'elle n'a jamais vu son portrait et qu'il est habillé comme les autres ! Elle converse avec lui en privé et le convainc de l'envoyer avec un petit convoi de ravitaillement à Orléans, qui est à cette époque assiégée par les Anglais. Avec sa foi et sa confiance, Jeanne parvient à donner aux soldats d'Orléans une énergie nouvelle et les Anglais lèvent le siège. Puis elle accompagne Charles VII à travers les territoires bourguignons jusqu'à Reims où il se fait sacrer : il reçoit de l'évêque l'onction et les insignes de la royauté. Pour les Français, Charles VII est désormais le vrai roi !

La France à l'époque de Jeanne d'Arc (1429)

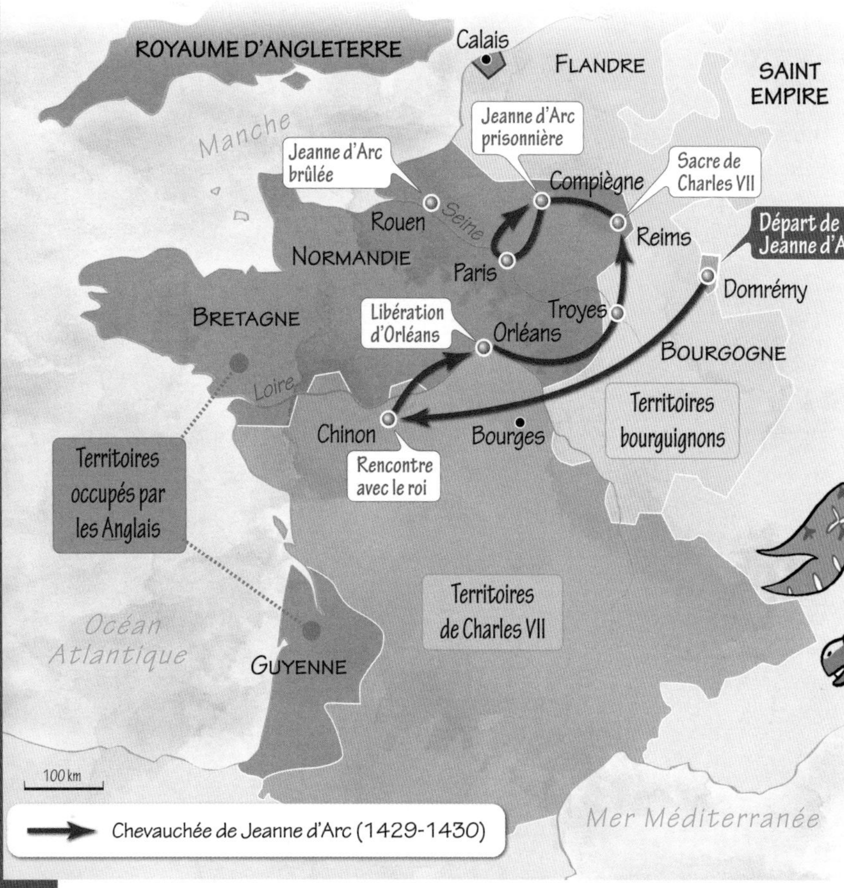

Chevauchée de Jeanne d'Arc (1429-1430)

Jeanne tente de reprendre Paris sans y parvenir. Puis, à la tête d'une petite troupe, elle cherche à libérer Compiègne. Mais elle est capturée par les Bourguignons et livrée aux Anglais.
Jeanne d'Arc est jugée à Rouen. Son procès est confié à l'évêque de Beauvais, allié des Anglais, Pierre Cauchon. On accuse Jeanne de s'habiller en homme, d'avoir menti à propos des voix qu'elle a entendues, de ne pas respecter l'Église… Le 30 mai 1431, à 19 ans, elle est brûlée vive comme hérétique sur la place du Vieux-Marché de Rouen.

La libération de la France

Après la mort de Jeanne, Charles VII se réconcilie avec les Bourguignons et il repousse progressivement les Anglais. En 1453, avec trois cents canons, il écrase l'armée anglaise à la bataille de Castillon. Le roi d'Angleterre, qui a perdu la guerre, ne possède plus en France que la ville de Calais. C'est la fin de la guerre de Cent Ans.

La guerre a renforcé la monarchie

Au cours de la guerre de Cent Ans, les rois de France ont créé trois impôts royaux qu'ils lèvent dans tout le royaume : la taille prélevée sur ceux qui ne sont ni nobles ni clercs ; la gabelle qui est l'impôt sur le sel ; les aides, un impôt sur le commerce.
Grâce aux nouveaux impôts, les rois de France ont pu créer une armée permanente, à côté de l'armée de vassaux. Au XVe siècle, elle commence à utiliser l'artillerie (les canons).
Vers 1470, le duc de Bourgogne Charles le Téméraire (1467-1477) est à la tête d'un vaste domaine en Bourgogne et en Flandres dont il est presque roi. Mais après sa mort, le roi de France Louis XI (1461-1483) s'empare de la Bourgogne qui est réunie au domaine royal.

Jeanne d'Arc sur le bûcher en 1431

1330 1480

Le temps des malheurs

La période de la guerre de Cent Ans (XIVe-XVe siècle) est une période sombre pour les Français : ils souffrent de la faim, de la peste et de la guerre.

Le retour de la faim

À partir du XIVe siècle, le climat change. Les hivers deviennent froids et les étés souvent pluvieux. Les récoltes sont moins bonnes que par le passé.
De plus, les armées en guerre ravagent les campagnes et détruisent les récoltes. Les famines refont donc leur apparition.

La terrible peste noire

En 1347, des navires génois, en provenance de la mer Noire, accostent à Marseille et en Sicile. Leurs cales contiennent des rats porteurs de la peste bubonique qui se transmet aux humains par l'intermédiaire des puces infestées : on l'appelle la peste noire. L'épidémie progresse en France et dans la plus grande partie de l'Europe en 1348 et 1349 en suivant les routes du commerce. Elle touche toutes les régions de France, même les plus reculées, les campagnes comme les villes.
La peste bubonique entraîne de fortes fièvres et l'apparition de grosseurs (les bubons). La plupart des personnes infectées meurent au bout de quarante-huit heures. On ne sait que faire face à la maladie, sinon fuir et la propager plus loin ! Les médecins se contentent de percer les bubons, ce qui est une pratique aussi douloureuse qu'inutile. Au total, on estime qu'environ un tiers des Français succombe à l'épidémie. La population passe sans doute de 17 à 10 millions d'habitants ! La peste cesse en 1349, mais elle revient ensuite régulièrement.

Un chirurgien incise le bubon d'un pestiféré
La peste bubonique est due à un microbe que transmet la puce qui passe du rat ou de l'homme infecté à l'homme sain.

Les réactions face à la peste

Désemparés, les gens considèrent la peste comme une punition divine. On cherche des responsables, des « boucs émissaires ». On s'en prend aux Juifs que les chrétiens considèrent à l'époque comme des ennemis de Dieu. En 1349, dans le Languedoc et en Alsace, beaucoup sont massacrés.
Des fidèles apeurés organisent des processions pour obtenir le pardon de Dieu en se fouettant les chairs avec des lanières munies de pointes de fer.
Dans les églises, on peint des danses macabres. Elles représentent des gens de toutes conditions qui dansent accompagnés de squelettes, comme pour montrer que la mort peut toucher n'importe qui à tout moment.

Les guerres et les fureurs populaires

La guerre est presque permanente entre 1340 et 1450. Elle est entrecoupée de trêves (arrêts des combats) mais pendant celles-ci, les soldats qui ne peuvent plus vivre de la guerre parcourent le pays en le pillant.

Durant cette période d'insécurité et de malheur, les habitants ne supportent plus les taxes et les impôts qui augmentent sans cesse. En 1358, dans les environs de Paris, les paysans - qu'on appelle les Jacques - se soulèvent et mettent à feu et à sang les châteaux des seigneurs. C'est la Grande Jacquerie.

Des révoltes ont lieu aussi à Paris et dans d'autres villes contre les collecteurs de l'impôt royal.

Des paysans attaquent un chevalier

Durant la guerre, les paysans accablés par les impôts et les taxes se révoltent contre les seigneurs.

Miniature du XVe siècle.

La procession des flagellants

« Les gens se déchirent le dos et les épaules avec des lanières de cuir munies de pointes de fer en chantant des chansons douloureuses sur les souffrances du Christ. Ils se déplacent de ville en ville pendant 33 jours avant de retourner chez eux. »

D'après les Chroniques de Froissart, *fin XIVe siècle.*

Les Temps modernes et la Révolution

(XVIe siècle - 1815)

- Les Temps modernes s'étendent du XVIe siècle à 1789. Cette période est marquée par la Renaissance artistique, les guerres de Religion, l'essor du commerce maritime et surtout le renforcement du pouvoir royal. À partir de Louis XIV, le roi a un pouvoir absolu.
- En 1789, les révolutionnaires renversent la monarchie absolue et ils construisent ensuite les bases d'une France nouvelle. La période révolutionnaire s'achève en 1799 quand Napoléon s'empare du pouvoir. Il crée un nouveau régime, l'Empire.

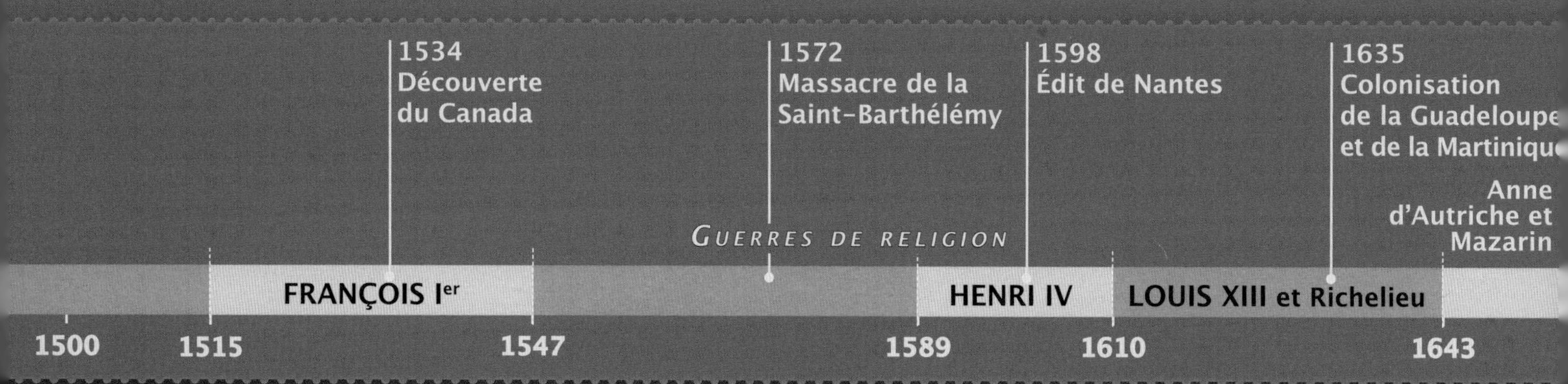

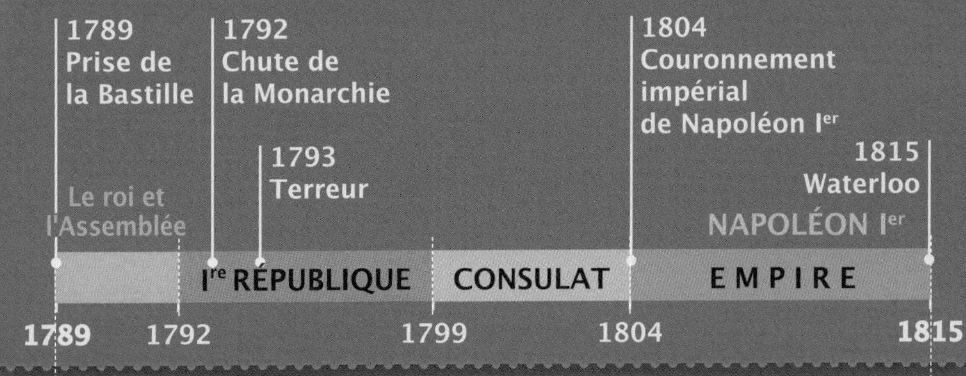
1789
Prise de
la Bastille
1792
Chute de
la Monarchie
1793
Terreur
1804
Couronnement
impérial
de Napoléon Ier
1815
Waterloo
Le roi et
l'Assemblée
NAPOLÉON Ier
Ire RÉPUBLIQUE
CONSULAT
EMPIRE
1789
1792
1799
1804
1815

1685
Révocation de
l'édit de Nantes
1772
L'Encyclopédie
de Diderot
1763
Perte du Canada
Versailles
Guerre
d'Amérique
LOUIS XIV
LOUIS XV
LOUIS XVI
RÉVOLUTION
ET EMPIRE
1715
1774
1789
1815

François Ier, le roi de la Renaissance

Au XVIe siècle, le roi François Ier (1515-1547) introduit l'art de la Renaissance en France et cherche à renforcer l'autorité royale. Mais à la fin de son règne, il doit faire face à la montée du protestantisme.

Le roi de la Renaissance

Sous François Ier, la cour qui accompagne le roi est de plus en plus nombreuse. Elle atteint jusqu'à 15 000 personnes et comprend les grands seigneurs, des écrivains et des artistes. François Ier se déplace avec elle de château en château en menant une vie de plaisirs : chasses, tournois, bals, concerts…

Le roi est un grand bâtisseur. Il fait construire le château de Chambord dans le Val de Loire et le château de Fontainebleau en Île-de-France et fait agrandir d'autres demeures en s'inspirant du style Renaissance venu d'Italie. Il invite de grands artistes italiens comme Léonard de Vinci ou Le Rosso. Il leur commande des œuvres et les fait travailler à la décoration de ses châteaux.

François Ier au milieu de sa cour
François Ier écoute la lecture du livre d'un historien grec de l'Antiquité en présence de ses trois fils (habillés en rouge).
Miniature de Jean Clouet, 1534, musée Condé, Chantilly.

L'autorité de François Ier

Jamais le roi de France n'a eu un tel pouvoir. Pour gouverner, il prend les grandes décisions en petit comité dans le Conseil des affaires. Il continue d'agrandir le domaine royal et il n'y a plus de grand seigneur capable de lui résister. En 1516, il signe avec le pape le concordat de Bologne : il obtient de pouvoir nommer les évêques et les abbés du royaume. Il établit ainsi son autorité sur l'Église de France.

François Ier renforce l'unité du royaume en publiant l'ordonnance de Villers-Cotterêts en 1539. C'est une loi qui exige que tous les actes administratifs du royaume soient écrits en français et non en latin ou en langues régionales. L'ordonnance oblige aussi les curés à tenir un registre des baptêmes de la paroisse, ce qui permet au roi de mieux connaître la population de son pays.

De grandes ambitions extérieures

Comme les rois qui l'ont précédé, François Ier rêve de s'emparer d'une partie de l'Italie. Et cela commence bien ! En 1515, il bat les troupes du duc de

Le château de Chambord

Construit par François Ier à partir de 1519, il ressemble encore à un château du Moyen Âge avec ses grosses tours et ses toits en pente. Mais les larges fenêtres qui permettent de voir le paysage, l'absence d'enceinte élevée autour du château, les terrasses sur le toit, la décoration de la façade appartiennent au nouveau style Renaissance venu d'Italie.

Milan à Marignan et occupe la région de Milan, au nord de l'Italie.

Le roi s'oppose ensuite à l'empereur Charles Quint dont les possessions entourent la France. Mais Charles Quint le bat en 1525 à Pavie et François Ier est fait prisonnier. C'est une humiliation ! Il doit payer une lourde rançon pour sa libération et renoncer à ses possessions en Italie. La guerre contre Charles Quint va reprendre et durer jusqu'à la fin du règne, entrecoupée de plusieurs réconciliations.

François Ier cherche aussi à constituer un empire colonial. Il charge le navigateur Jacques Cartier d'explorer le nord de l'Amérique et d'y trouver un passage pour passer en Asie. En 1534, Jacques Cartier atteint le Canada et en prend possession au nom du roi.

François Ier et les protestants

Dans la première moitié du XVIe siècle, certains chrétiens se détachent de l'Église catholique et deviennent protestants. Au début, François Ier accepte la nouvelle religion. Mais en 1534, les protestants apposent des affiches critiquant l'Église catholique jusque sur la porte de sa chambre au château d'Amboise ! C'est « l'affaire des placards » (un placard est une affiche). Estimant son autorité menacée, François Ier fait arrêter et condamner de nombreux protestants. Le roi s'éteint en 1547. Son fils lui succède sous le nom d'Henri II (1547-1559).

Soldats des guerres d'Italie

L'armée de François Ier possède des canons et des arquebuses, l'ancêtre du fusil. Au XVIe siècle, les armes à feu commencent à prendre de l'importance dans les guerres.

Les guerres de Religion

Les guerres de Religion commencent en 1562. Elles opposent les protestants et les catholiques. Elles s'achèvent en 1598 par l'édit de Nantes, qui autorise les deux religions.

Catherine de Médicis (1519-1589)
Veuve du roi Henri II et mère du roi Charles IX, Catherine de Médicis a longtemps été considérée comme la principale responsable du massacre de la Saint-Barthélémy.

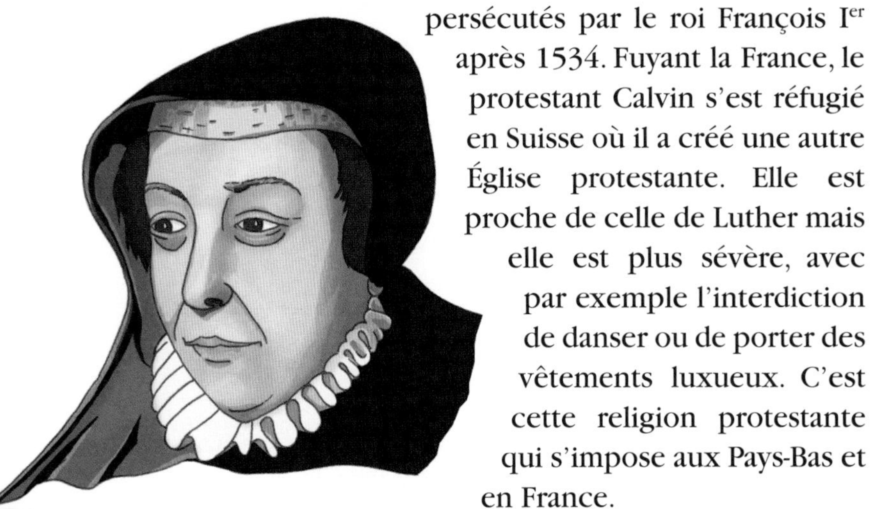

Qu'est-ce que le protestantisme ?

Au début du XVIe siècle, le moine allemand Luther a quitté l'Église catholique et décidé de fonder une nouvelle Église, l'Église protestante.
Les membres de cette Église, appelés protestants, n'obéissent plus au pape. Ils donnent une grande importance à la lecture de la Bible qui est traduite du latin dans la langue du pays pour être comprise par tous. Ils ne croient pas dans les saints et ne les honorent pas. Ils n'ont que deux sacrements, le baptême et la communion, au lieu de sept chez les catholiques. Lors de l'office du dimanche, ils se réunissent dans un temple sous la direction d'un pasteur.
Les premiers protestants français ont été persécutés par le roi François Ier après 1534. Fuyant la France, le protestant Calvin s'est réfugié en Suisse où il a créé une autre Église protestante. Elle est proche de celle de Luther mais elle est plus sévère, avec par exemple l'interdiction de danser ou de porter des vêtements luxueux. C'est cette religion protestante qui s'impose aux Pays-Bas et en France.

Les catholiques contre les protestants

Les guerres de Religion en France commencent en 1562 sous le règne du roi Charles IX (1560-1574). Elles opposent les protestants qui veulent pratiquer librement leur religion et des catholiques qui veulent interdire le protestantisme.
Dans un premier temps, Charles IX hésite dans l'attitude à suivre à l'égard du protestantisme. Mais, en 1572, poussé par sa mère Catherine de Médicis, il décide de faire massacrer les chefs protestants qui se sont réunis à Paris pour un mariage. C'est le massacre de la Saint-Barthélémy qui fait des milliers de morts dans la capitale mais aussi dans les villes de province.
Après le massacre, les protestants décident de former l'Union calviniste avec des troupes et un chef. Le roi Henri III (1574-1589) leur accorde alors la liberté de culte dans certains lieux. Mais en 1584, un grand seigneur catholique, le duc Henri de Guise, crée à son tour une organisation armée, la Ligue catholique, dans le but de chasser les protestants du royaume. Henri III décide de se ranger derrière la Ligue contre les protestants. Mais il finit par craindre la puissance du duc de Guise et il le fait

Le massacre de la Saint-Barthélémy à Paris (1572)

Les chefs protestants se sont réunis à Paris pour le mariage de l'un d'entre eux, Henri de Navarre (futur Henri IV). Pressé par sa mère Catherine de Médicis, le roi Charles IX ordonne leur massacre. Au fond, en noir, Catherine de Médicis ❶ domine un amas de corps dénudés. L'amiral de Coligny ❷, chef des protestants, est assassiné et son corps est jeté par la fenêtre aux pieds du chef des ultra-catholiques, le duc de Guise. Les massacres font de 2000 à 3000 morts à Paris en trois jours.

Peinture du protestant François Dubois, vers 1580, musée d'Art et d'Histoire de Lausanne, Suisse.

assassiner en 1588. Six mois plus tard, il est tué par un ligueur qui veut venger son chef.

Henri IV rétablit la paix religieuse

Henri III est sans enfant et c'est son cousin, le protestant Henri de Navarre, qui hérite du royaume, sous le nom de Henri IV (1589-1610).

Comme Henri IV est protestant, la Ligue catholique aidée par une armée espagnole lui fait aussitôt la guerre. Le roi comprend qu'il doit changer de religion pour l'emporter. En 1593, il se convertit au catholicisme puis il se fait sacrer à Chartres. Désormais soutenu par la majorité des Français, il bat la Ligue et chasse l'armée espagnole du pays.

Afin de ramener la paix, Henri IV promulgue l'édit de Nantes en 1598. Cet édit garantit aux protestants la liberté de culte et l'égalité devant la loi avec les catholiques. L'édit rétablit par ailleurs la religion catholique là où les protestants l'avaient interdite. Il contente ainsi les protestants comme les catholiques. C'est la fin des guerres de Religion.

De Henri IV à Louis XIV

Le roi Henri IV rétablit la paix dans le pays. Mais après sa mort, les grands seigneurs et les protestants se soulèvent. Louis XIII et son Premier ministre Richelieu puis Anne d'Autriche et Mazarin essaient de rétablir l'autorité royale.

Portrait de Henri IV

Henri IV a épousé Marie de Médicis en deuxième noce. Prévenant et jovial, tout en étant autoritaire, il s'attire la sympathie des Français. Bel homme, multipliant les aventures avec les femmes, il a hérité du surnom de « Vert-Galant ».

Tableau du XVIe siècle, musée du château de Versailles.

Henri IV rétablit la paix et l'ordre

Henri IV (1589-1610) est issu d'une nouvelle branche de la famille capétienne, celle des Bourbons.

Après avoir rétabli l'autorité royale dans le royaume, le roi promulgue l'édit de Nantes en 1598. Cet édit rétablit la liberté de culte pour les protestants. Henri IV accorde aussi aux protestants des places fortes pour qu'ils puissent se défendre s'ils sont attaqués par les catholiques. L'ordre et la prospérité reviennent et le roi devient très populaire.

Mais les fervents catholiques soupçonnent le roi de vouloir aider les États protestants d'Europe contre l'Autriche catholique. Ils ne lui ont pas non plus pardonné l'édit de Nantes. En 1610, Henri IV est assassiné de plusieurs coups de couteau par Ravaillac, un catholique fanatique.

Louis XIII et Richelieu

À la mort d'Henri IV, son fils Louis XIII (1610-1643) a huit ans. Sa mère Marie de Médicis exerce la régence jusqu'à ce qu'il soit en âge de gouverner en 1617. Le début de règne est difficile. Les Grands (on appelle ainsi les parents du roi et les grands seigneurs) se révoltent. Les protestants, inquiets pour leur sort, se soulèvent.

En 1624, Louis XIII décide alors de nommer Premier ministre le cardinal Richelieu.

Pour la « grandeur du royaume », Richelieu fait la guerre aux Habsbourg d'Autriche dont la puissance menace la France. Pour rétablir la « majesté royale », il fait preuve d'une grande fermeté à l'égard de tous ceux qui s'opposent au roi. Il s'empare de la ville protestante de La Rochelle. Il interdit ensuite aux protestants d'avoir des places fortes (1629). Il punit aussi les grands seigneurs et rase leurs châteaux.

Pour financer ses guerres, Richelieu augmente les impôts et écrase les révoltes des paysans qui ne veulent pas les payer.

L'assassinat de Henri IV

availlac est un fanatique catholique ui n'a pas accepté l'édit de Nantes. e 14 mai 1610, il assassine Henri IV e trois coups de couteaux en se jetant dans on carrosse, rue de la Ferronnerie à Paris. oupable de crime de lèse-majesté, il est ondamné à subir d'horribles supplices avant d'être cartelé par quatre chevaux sur la place de Grève.

Anne d'Autriche et Mazarin

À la mort de Louis XIII, en 1643, son fils Louis XIV n'a que cinq ans. Sa mère Anne d'Autriche devient régente et elle confie le poste de Premier ministre au cardinal Mazarin. Mazarin continue la politique de Richelieu. Mais les Parisiens refusent l'augmentation des impôts, et ils se soulèvent. Ils sont rejoints par les grands seigneurs qui veulent profiter de la minorité du roi pour obtenir des avantages. C'est la Fronde, un soulèvement qui va durer de 1648 à 1653.

Après plusieurs années de guerre, Mazarin parvient finalement à l'emporter et à rétablir la paix.

Pendant la Fronde, le jeune Louis XIV a dû fuir Paris. Il a très mal vécu cette période. Il se méfiera ensuite beaucoup des Parisiens et c'est une des raisons pour lesquelles il décidera de s'installer à Versailles.

Richelieu devant La Rochelle en 1628

En septembre 1627, Richelieu assiège La Rochelle qui est tenue par les protestants. Il fait construire une énorme digue dans la mer qui empêche la ville d'être ravitaillée par l'Angleterre. Un an plus tard, La Rochelle se rend. Richelieu interdit ensuite aux protestants d'avoir des places fortes par l'édit d'Alès de 1629.

1661 1715 1789

Louis XIV, roi absolu

À la mort de Mazarin en 1661, Louis XIV décide de gouverner sans Premier ministre. Il met en place une monarchie absolue, où il dispose de tous les pouvoirs.

Le pouvoir absolu

Ayant été sacré au début de son règne, Louis XIV se dit roi « de droit divin », c'est-à-dire par le choix de Dieu. Il considère qu'à ce titre, il doit avoir un pouvoir sans limite, un pouvoir absolu. S'estimant supérieur à tous, il prend le soleil comme emblème, d'où son surnom de « Roi-soleil ».

Louis XIV décide seul, mais il prend ses avis dans ses Conseils. Il est par ailleurs secondé par des ministres qu'il choisit en fonction de leur compétence.

Le contrôle de la population

Louis XIV ne tolère aucune opposition. Il peut emprisonner qui il veut sans aucun jugement. Il lui suffit de signer un document appelé lettre de cachet. Pour surveiller les grands seigneurs, Louis XIV les attire à Versailles. Il les divertit par des fêtes,

Louis XIV (1643-1715)

Louis XIV est représenté avec les instruments du sacre, la couronne ❶, le sceptre ❷, la main de justice ❸, l'épée dite « de Charlemagne » ❹. Il porte le manteau royal, brodé de fleurs de lys et doublé d'hermine ❺. Les bas de soie ❻, maintenus par des jarretières, affinent ses jambes. La haute perruque ❼ et les souliers à talons ❽, dont il a lancé la mode, le grandissent.

Peinture de Hyacinthe Rigaud, 1701, musée du Louvre, Paris.

des bals, des pièces de théâtre. Il leur verse des pensions, des sommes d'argent régulières. Ainsi ils sont satisfaits et ils ne cherchent plus à se révolter.
Louis XIV verse aussi des pensions aux écrivains et aux artistes et il leur passe de nombreuses commandes, parce qu'il aime l'art et parce qu'il veut les mettre à son service. Il les fait entrer dans des académies, c'est-à-dire des associations de gens de lettres, de savants ou d'artistes, qu'il contrôle. Toute publication demande l'accord du roi : les journaux et les livres ne peuvent pas paraître sans avoir obtenu son autorisation.

Une seule religion

Louis XIV, roi catholique, veut rétablir l'unité de la foi dans le pays, c'est-à-dire faire de la France un royaume uniquement catholique.
Dès son arrivée au pouvoir, il se met donc à persécuter les protestants. Puis, en 1685, il révoque (supprime) l'édit de Nantes qui, depuis Henri IV, leur accordait la liberté de pratiquer leur religion. Les temples protestants sont détruits et le culte protestant est interdit. Près de 250 000 protestants quittent alors la France pour se réfugier dans les pays voisins.

La politique de grandeur

Louis XIV recherche la gloire et veut agrandir son royaume. Pendant les cinquante-quatre ans de son règne, la France connaît vingt-neuf ans de guerre ! Le roi augmente les effectifs de l'armée permanente et développe la marine. Il fait la conquête du Nord, de l'Alsace, de la Franche-Comté, du Roussillon. Dans les régions conquises, le ministre Vauban fortifie les villes pour rendre impossible toute reconquête.
Pour Louis XIV, la puissance d'un pays dépend aussi de sa richesse. Il charge donc son ministre Colbert de développer l'économie du pays. Colbert crée des manufactures royales, attire des entreprises étrangères en France, fait creuser des canaux et aménager des ports.
Colbert cherche aussi à étendre les possessions coloniales en Amérique pour développer le commerce. La France s'empare de Haïti (ouest de Saint-Domingue) et d'une région d'Amérique du Nord, la « Louisiane ». Des comptoirs (ports de commerce) sont également créés en Inde.

L'agrandissement du royaume de France sous Louis XIV

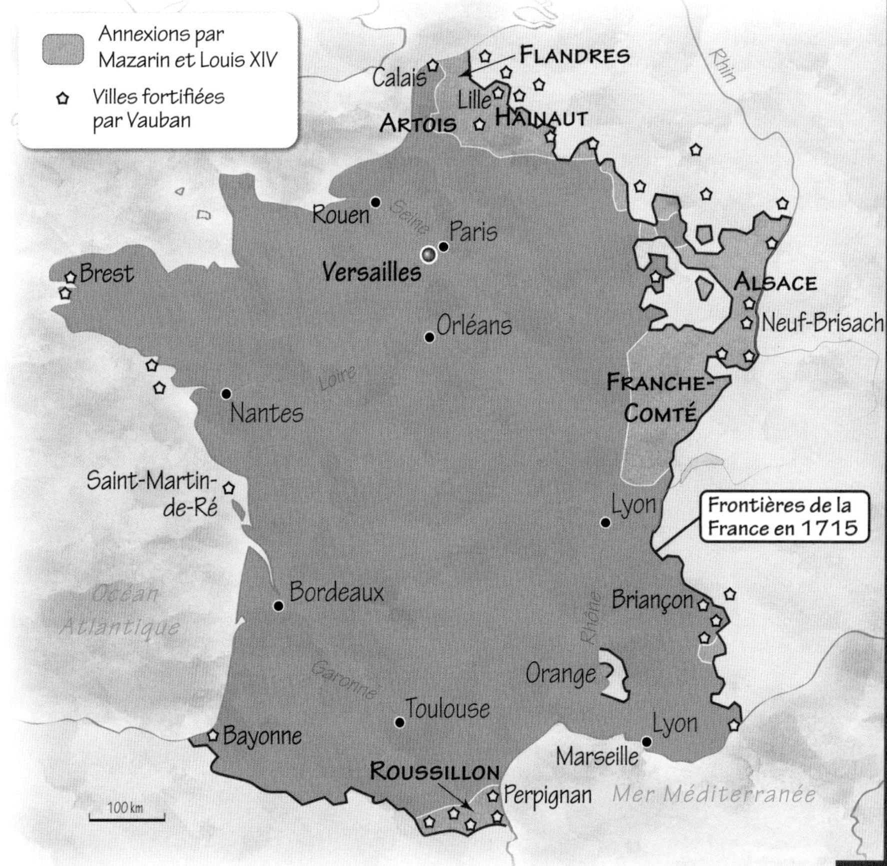

Le château de Versailles

Depuis le milieu du XVIe siècle, les rois habitent le palais du Louvre à Paris. Mais Louis XIV veut un nouveau palais qui montre la grandeur et la puissance de la monarchie. Dès 1661, il commence à agrandir le pavillon de chasse de son père à Versailles pour en faire son château. Il s' y installe en 1683. Il y vit entouré de sa famille et de ses courtisans, des grands seigneurs et des artistes. Le roi partage son temps entre le gouvernement du royaume, la chasse et les fêtes qu' il fait organiser pour la cour.

La façade du jardin

Plusieurs architectes successifs ont dirigé les travaux du palais : Le Vau, d'Orbay et Mansart. Le Nôtre a organisé les jardins. La galerie des Glaces occupe le premier étage.

La grande salle de réception : la galerie des Glaces

C'était la salle où avaient lieu les bals et les grandes réceptions. Elle est longue de soixante-treize mètres et donne sur le jardin. Le mur est couvert de grandes glaces, d'où le nom de la galerie. Les peintures de la voûte représentent les hauts faits du roi pendant ses guerres.

Les trois ordres de la société

Sous Louis XIV, la France est peuplée de 20 millions d'habitants. La société est divisée en trois ordres : le clergé, la noblesse et le tiers état.

Le clergé, « ceux qui prient »

Le clergé est le premier ordre du royaume. Il dispose de privilèges, c'est-à-dire d'avantages : il ne paie pas l'impôt royal (la taille) et il a ses tribunaux. Il lève un impôt pour lui-même, la dîme. De plus, il détient une grande partie des terres du royaume.

En échange de ces avantages, il a des obligations. Il s'occupe de la religion et des sacrements. Mais il assiste aussi les pauvres et les malades, dispense l'enseignement et tient l'état civil depuis François Ier (le registre des baptêmes et des morts).

On distingue le haut et le bas clergé. Les évêques et les abbés forment le haut clergé. Ils disposent de vastes domaines et ils vivent dans le luxe. Les curés et les moines forment le bas clergé. Ils sont assez pauvres.

La noblesse, « ceux qui combattent »

La noblesse est le deuxième ordre du royaume. Elle possède aussi des privilèges : elle seule a le droit de porter l'épée, elle ne paie pas l'impôt royal (la taille), elle a des places réservées dans l'armée et la haute administration. Elle a des privilèges judiciaires, comme celui d'être jugé par des tribunaux spéciaux.

On devient noble de père en fils (par hérédité). Mais on peut le devenir en étant anobli par le roi ou en étant nommé à certains offices, c'est-à-dire à certains postes de fonctionnaire.

On distingue plusieurs types de noblesse. Les membres de la haute noblesse sont très riches. Ce sont des grands seigneurs qui possèdent d'immenses domaines et

Les trois ordres

« Les uns sont dédiés particulièrement au service de Dieu ; les autres à conserver l'État par les armes ; les autres à le nourrir [...] Ce sont nos trois ordres ou états généraux de France, le clergé, la noblesse et le tiers état. Mais chacun de ces trois ordres est encore subdivisé en degrés, à l'exemple de la hiérarchie céleste. »

Charles Loyseau, *Traité des ordres et simples dignités, 1613.*

qui reçoivent des taxes de très nombreux paysans. Ils vivent souvent à la cour auprès du roi et reçoivent de lui des pensions. Au contraire, les membres de la petite noblesse vivent modestement sur leurs domaines en province. Enfin, la noblesse de robe est composée d'officiers (fonctionnaires) qui ont été anoblis par les fonctions qu'ils exercent ; c'est le cas par exemple des membres du Parlement de Paris.

Le tiers état, « ceux qui travaillent »

Le tiers état représente presque toute la population française. Les bourgeois - gros marchands, avocats, hauts fonctionnaires - sont les plus riches. Ils voudraient vivre comme les nobles. Ils épousent des filles de la noblesse, achètent des terres ou des fonctions qui donnent la noblesse. Dans les villes, on trouve aussi de nombreux artisans ainsi que des domestiques, des porteurs d'eau, des mendiants, des vagabonds…
L'essentiel du tiers état est cependant formé de la paysannerie qui vit dans les campagnes.
Les paysans versent des taxes de toutes sortes au seigneur. Ils paient aussi des impôts de plus en plus lourds au roi. L'impôt royal direct (la taille) est très injuste puisque les clercs et les nobles ne le paient pas !
Parmi les paysans, les laboureurs ont de vastes exploitations et possèdent des instruments agricoles efficaces, comme des charrues, ce qui leur permet d'avoir de bons revenus. Mais la plupart des paysans ont à peine de quoi vivre.

1%
CLERGÉ
2%
NOBLESSE
97%
TIERS ÉTAT

Les trois ordres (en % de la population totale)

La France en Amérique

Après la découverte de l'Amérique par Christophe Colomb en 1492, la France crée un empire colonial en Amérique. Au XVIIIe siècle, le commerce avec les Antilles devient considérable.

Les colonies françaises d'Amérique

Au XVIe siècle, la France s'empare du Canada puis au XVIIe siècle de la Louisiane, une région située entre le Canada et l'embouchure du Mississippi.

Au XVIIe siècle, elle fait la conquête de plusieurs îles des Antilles : la Martinique et la Guadeloupe en 1635 puis la partie occidentale de l'île de Saint-Domingue (l'actuelle Haïti). De nombreux colons français s'y installent. Certains créent de grandes plantations où ils emploient des esclaves originaires d'Afrique. Ils cultivent des produits tropicaux comme la canne à sucre, le tabac, le coton et le café. La culture de la canne à sucre se développe beaucoup au XVIIIe siècle pour répondre à la forte demande en sucre des Européens.

Le travail dans une plantation des Antilles
Les esclaves coupent la canne à sucre qui est ensuite transportée vers le moulin où la canne sera broyée. Le propriétaire blanc donne ses ordres à un contremaître, peut-être lui aussi esclave, chargé d'organiser le travail.

Le « commerce triangulaire »

Dès le XVIIe siècle, de grands marchands français organisent le commerce des esclaves d'Afrique pour les vendre dans les plantations des Antilles. Cette traite négrière (ou commerce des esclaves d'Afrique) prend un développement considérable au XVIIIe siècle. Les navires marchands partent des grands ports de Bordeaux, Nantes, La Rochelle chargés de marchandises diverses : armes, produits textiles, barres de fer... Ils gagnent les côtes de l'Afrique de l'Ouest et troquent leur cargaison contre des esclaves. Les esclaves sont ensuite transportés dans des

Un navire négrier
Les esclaves noirs échangés sur la côte ouest de l'Afrique étaient enchaînés dans les cales des bateaux qui les conduisaient aux Antilles où ils étaient vendus. Certains se suicidaient ou mouraient de maladie durant le voyage. On les sortait de temps en temps sur le pont pour les laver et les faire bouger.

conditions très dures jusqu'aux Antilles où ils sont vendus aux propriétaires des grandes plantations. Puis les navires reviennent vers les ports français chargés de produits tropicaux (sucre, café, tabac). Ce trafic entre l'Europe, l'Afrique et l'Amérique est appelé « commerce triangulaire ».

Dans les plantations des Antilles, les esclaves ont une espérance de vie très courte. Ils périssent victimes des maladies, mais surtout des mauvais traitements et du travail épuisant qu'ils doivent fournir pour cultiver la canne à sucre et les autres produits tropicaux.

La perte du Canada et de la Louisiane

À partir de 1750, la France et l'Angleterre se disputent les colonies d'Amérique et d'Asie. Après la guerre de sept ans (1757-1763), la France doit céder à l'Angleterre le Canada et abandonner la Louisiane. Mais les Anglais autorisent les Français installés au Canada à y rester et à y conserver leur langue.

Le commerce triangulaire de la France au XVIIIe siècle

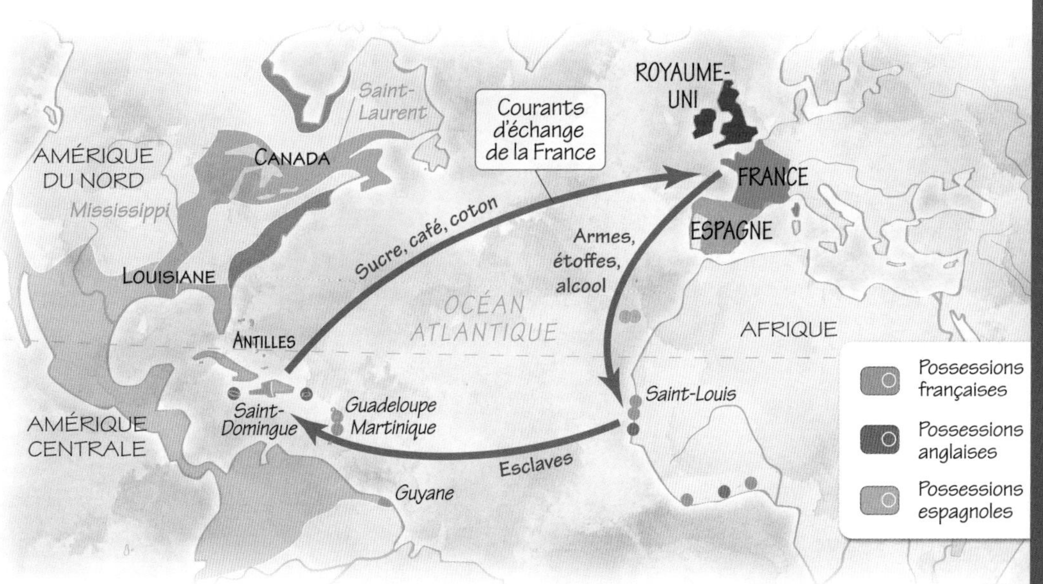

1715 1789

Le combat des Lumières

Au XVIIIe siècle, en France, des penseurs développent de nouvelles idées, qui vont se répandre dans la société. Ce sont les philosophes des Lumières.

Voltaire, un philosophe des Lumières

Volontiers moqueur à l'égard des Grands, Voltaire est emprisonné à deux reprises à la Bastille. En 1726, il s'exile en Angleterre puis revient à Paris où il est poète, philosophe, auteur de théâtre. Menacé à cause de ses idées, il se rend auprès du roi de Prusse Frédéric II. Il s'installe ensuite à Ferney en France, près de la frontière Suisse, où il écrit librement. Il se lance dans de grandes causes comme la défense de Calas, un protestant injustement torturé et condamné à mort.

L'esprit des Lumières

Les philosophes du XVIIIe siècle réfléchissent au moyen de mener l'humanité vers la vérité et le bonheur. C'est pourquoi on les appelle les Lumières. Leur raisonnement les amène à critiquer l'Église catholique, la monarchie absolue, la société d'ordres, parce que selon eux, ces institutions apportent le malheur.

Voltaire (1694-1778) est le plus célèbre des philosophes des Lumières. Il appuie souvent sa réflexion sur l'exemple de l'Angleterre, où l'on respecte les libertés et où le pouvoir du roi est limité par un Parlement.

La critique de l'absolutisme

Les philosophes critiquent l'Église catholique. Ils veulent la tolérance religieuse, c'est-à-dire que l'on accepte toutes les religions.

Les philosophes critiquent aussi la monarchie absolue. Montesquieu (1689-1755) voudrait que le roi partage son pouvoir avec une assemblée alors que Rousseau (1712-1778) souhaite une démocratie (un régime où le peuple choisit le gouvernement). Voltaire n'est pas opposé à la monarchie absolue mais il veut un « despotisme éclairé », un gouvernement où le roi gouverne en vue du bonheur de ses sujets et non comme un tyran.

Les philosophes critiquent aussi les privilèges dont bénéficient la noblesse et le clergé, concernant les impôts, les emplois, la justice... Ils démontrent que les hommes sont naturellement égaux et qu'ils devraient donc avoir les mêmes droits.

De façon générale, les philosophes réclament toutes les libertés : de culte mais aussi d'expression, de presse, de réunion.

Dans le domaine de la justice, ils refusent les emprisonnements sans raison ou sans jugement. Ils dénoncent aussi la torture qui est encore employée à cette époque pour obtenir les aveux.

Enfin, ils attachent une grande importance à l'instruction, qui est selon eux le meilleur moyen d'apporter le progrès.

Les idées largement diffusées

Les philosophes expriment leurs idées dans *l'Encyclopédie*, publiée à partir de 1751. Mais ils sont très prudents pour éviter l'interdiction de l'ouvrage.

Ils font aussi paraître des livres, souvent à l'étranger. Voltaire publie *Candide* en Suisse, Rousseau publie *Du Contrat social* à Amsterdam.

On lit les textes des Lumières dans les

Un salon du XVIIIe siècle

À partir de 1749, madame Geoffrin ❶ reçoit dans son salon parisien les peintres et les écrivains de son époque. On y écoute la lecture des œuvres des Lumières et on discute de leurs idées. Ici, un des invités lit un texte de Voltaire, non loin du buste du philosophe.

salons des femmes cultivées ou dans d'autres lieux comme les cafés.

Les philosophes écrivent aussi beaucoup de lettres qu'ils adressent aux autres philosophes, aux grands seigneurs et aux rois étrangers. Ils se font facilement comprendre car, à cette époque, le français est parlé dans tous les milieux cultivés d'Europe.

Voltaire écrit régulièrement à Frédéric II, le roi de Prusse. Il se rend même auprès de lui pour le conseiller.

L'Encyclopédie de Diderot et d'Alembert

***L'Encyclopédie* est un ouvrage publié de 1751 à 1772, sous la direction de Diderot et d'Alembert. Elle comprend 17 volumes de textes et 11 volumes de « planches » de gravures. C'est une œuvre collective à laquelle ont participé 130 auteurs dont les philosophes Montesquieu, Voltaire et Rousseau. Elle regroupe toutes les connaissances de l'époque et présente aussi les idées des Lumières, de façon détournée pour éviter l'interdiction de l'ouvrage.**

Louis XV et Louis XVI

Le règne de Louis XV correspond à une phase de prospérité mais le roi s'intéresse peu aux affaires du pays. Louis XVI, qui succède à Louis XV en 1774, doit faire face à des difficultés financières importantes.

Portrait de Louis XV

Sacré roi à Reims en 1722, Louis XV est comme Louis XIV un monarque absolu. Mais il s'intéresse plus aux plaisirs et aux femmes qu'aux affaires du pays.

Louis XV, pastel de Quentin de La Tour, 1748.

Le roi Louis XV

Louis XV (1715-1774) est l'arrière-petit-fils de Louis XIV. Il lui succède à l'âge de cinq ans en 1715. Le roi prend le pouvoir en 1723, après la régence de Philippe d'Orléans. Mais il s'appuie sur des Premiers ministres qu'il laisse plus ou moins gouverner. Il aime surtout faire la fête, chasser et séduire les femmes ! Il est marié à la princesse polonaise Marie Leszczynska, avec qui il aura dix enfants. En 1745, il fait la connaissance de madame de Pompadour qui restera sa maîtresse pendant vingt ans et qui aura une grande influence sur lui.

Louis XV remporte quelques succès en politique extérieure. Durant son règne, la France acquiert la Lorraine ainsi que la Corse (1768). En revanche, il perd la guerre de sept ans contre l'Angleterre, en 1763. Il lui cède le Canada et lui abandonne l'Inde où la France ne conserve plus que quelques ports comme Pondichéry.

Les difficultés de Louis XVI

Louis XV n'a plus de fils vivant et c'est donc son petit-fils Louis XVI qui lui succède, en 1774. Marié à Marie-Antoinette d'Autriche, il a vingt ans quand il monte sur le trône.

Le roi fait quelques réformes qui vont dans le sens des idées des Lumières : il autorise les protestants à exercer leur culte en privé, c'est-à-dire chez eux ; il abolit la torture que la justice royale utilisait encore contre les accusés.

Le roi aide aussi les Américains dans leur guerre d'indépendance contre l'Angleterre (1776-1783). En 1778, il envoie une armée se battre à leur côté. Les États-Unis deviennent donc indépendants en partie grâce au soutien de la France !

Mais après la guerre en Amérique, la France a de graves difficultés financières.

Les dépenses de l'État ont beaucoup augmenté alors que ses recettes sont insuffisantes. Pour résoudre ce problème, les ministres des Finances successifs – Turgot, Calonne, Necker – proposent de faire payer l'impôt à la noblesse et au clergé qui en étaient jusque-là dispensés. Mais à chaque fois, la noblesse s'y oppose.

Louis XVI et Marie-Antoinette

Louis XVI a épousé Marie-Antoinette d'Autriche, la fille de l'empereur d'Autriche. En 1774, il devient roi de France mais il est mal préparé au métier de roi. Il lui préfère la chasse et les travaux artisanaux (serrurerie et horlogerie) ! Marie-Antoinette est une femme coquette qui aime bien le théâtre, la danse et les jeux.

Dans le pays, le peuple se plaint de plus en plus des gaspillages de la cour et du poids des impôts. À partir de 1786, de mauvaises récoltes entraînent la disette et la hausse du prix du pain. Le chômage augmente dans les villes. La colère grandit.

La convocation des états généraux

En 1788, Louis XVI décide alors de convoquer à Versailles les états généraux, c'est-à-dire les représentants des trois ordres de la société : la noblesse, le clergé et le tiers état. Ils n'ont pas été réunis depuis 1614 ! Pour le roi, il s'agit surtout de trouver une solution au problème financier.

Au début de 1789, les Français de chaque ordre élisent les députés qui vont les représenter à Versailles. Ils rédigent à cette occasion des cahiers de doléances qui doivent être apportés au roi et où ils font la liste des changements qu'ils souhaitent obtenir.

Une caricature de 1789

Cette caricature présente les deux ordres privilégiés, la noblesse et le clergé, sur le dos du tiers état, ici un paysan. Les papiers qui sortent de la poche du paysan énumèrent toutes les taxes qu'il doit au seigneur et au roi.

L'année 1789

En 1789, les Français mettent fin à l'absolutisme et aux privilèges de la noblesse et du clergé. C'est la fin de l'Ancien Régime et le début de la Révolution.

La naissance de l'Assemblée nationale

En janvier 1789, les hommes de chaque ordre – clergé, noblesse, tiers état – ont élu les députés des états généraux. Le tiers état a obtenu le droit d'élire deux fois plus de députés que chacun des autres ordres.

La séance d'ouverture des états généraux a lieu le 5 mai 1789 à Versailles dans la salle des Menus-plaisirs. Mais le roi Louis XVI n'annonce aucune réforme profonde, il ne parle que des problèmes financiers à résoudre. Les députés du tiers état sont très déçus, ils veulent de vrais changements ! Le 20 juin, ils décident de s'installer dans la salle du Jeu de paume (l'ancêtre du tennis) et font le serment de ne pas se séparer avant d'avoir rédigé une Constitution, c'est-à-dire un texte qui limite le pouvoir du roi : c'est le serment du Jeu de paume. Quelques jours plus tard, ils sont rejoints par les députés des autres ordres. Ils forment l'Assemblée nationale constituante.

Le serment du Jeu de paume (20 juin 1789)
D'après Jacques-Louis David, XVIIIe siècle.

Le soulèvement du peuple

Dès la fin du mois de juin, Louis XVI regroupe des troupes autour de Paris et de Versailles. Les Parisiens pensent qu'il veut assiéger Paris et disperser l'Assemblée nationale. La tension monte dans la capitale. Puis, le 11 juillet, le roi renvoie le ministre des Finances Necker, qui était partisan des réformes. Pour les Parisiens, c'est un signe : le roi veut rétablir son pouvoir absolu.

Le 14 juillet, les Parisiens se rendent aux Invalides et pillent les armes qui y sont entreposées. Ils attaquent et prennent ensuite la Bastille, la forteresse royale qui défend l'est de la capitale. À Paris, mais aussi dans les autres villes du royaume, les révolutionnaires s'emparent du pouvoir et créent une Garde nationale, une police bénévole chargée de maintenir l'ordre.

À la fin du mois de juillet, une fausse rumeur parcourt les campagnes. On annonce l'arrivée de brigands recrutés par les nobles pour détruire les récoltes. C'est la Grande peur. Les paysans s'arment de fourches et de faux. Dans certaines régions, ils se jettent sur le château de leur seigneur, commettent des violences et brûlent les documents qui énumèrent les droits seigneuriaux.

La fin de l'Ancien Régime

Le soulèvement des campagnes inquiète beaucoup l'Assemblée nationale. Comment calmer les paysans et les empêcher de s'attaquer aux châteaux ? Dans la nuit du 4 août 1789, les députés votent des décrets qui suppriment les droits seigneuriaux (taxes et corvées dues au seigneur, justice du seigneur), ainsi que la dîme due au clergé et tous les privilèges ! C'est la fin de l'Ancien Régime.

Le 5 octobre, une foule de Parisiennes armées de piques se rend à Versailles pour obliger le roi à signer les décrets et lui demander du pain. Elles le ramènent de force à Paris où il s'installe avec sa famille au palais des Tuileries.

La prise de la Bastille

Le 14 juillet 1789, les émeutiers auxquels se sont joints des soldats forcent le premier, puis le deuxième pont-levis de la forteresse. Les gardes tirent du haut des remparts, tuant une centaine de personnes, avant de se rendre.

La nouvelle France

Après la prise de la Bastille, l'Assemblée nationale crée une monarchie constitutionnelle et réorganise la France.

La première Constitution (1791)

Désormais, le roi partage le pouvoir avec une assemblée élue. C'est la fin de la monarchie absolue.

La monarchie constitutionnelle

Le 26 août 1789, les députés de l'Assemblée nationale constituante votent la Déclaration des droits de l'homme et du citoyen qui fixe les nouveaux principes : l'égalité des droits entre tous les citoyens ; la souveraineté de la nation et non plus du roi ; le droit aux libertés de culte, d'opinion et de presse ; l'interdiction des emprisonnements arbitraires (sans raison) ; le droit de propriété… Un vent de liberté souffle sur le pays. On discute de politique dans la rue. Certains adhèrent au club des Jacobins ou au club des Cordeliers qui sont des sortes de partis politiques. De très nombreux journaux paraissent, qui expriment différentes opinions : il n'y a plus d'interdictions, plus de censure !

À partir de 1789, l'Assemblée élabore la première Constitution française, qui est adoptée en 1791. Le pouvoir est partagé entre le roi, appelé « roi des Français », et une Assemblée élue. Mais seuls ceux qui paient l'impôt et qui sont donc assez riches ont le droit de voter. Les pauvres ne le peuvent pas. Le suffrage (ou vote) est donc censitaire, réservé aux riches.

L'ASSEMBLÉE LÉGISLATIVE
(745 députés élus pour deux ans)

- Propose et vote les lois
- Accepte la paix ou la guerre proposée par le roi

LE ROI DES FRANÇAIS
(héréditaire)

- Fait exécuter les lois
- Peut bloquer une loi quatre ans
- Propose la paix et la guerre

LA NATION, SOUVERAINE

Hommes payant l'impôt âgés d'au moins 25 ans (citoyens riches)

La réorganisation de la France

L'Assemblée réorganise aussi la France. Le territoire est divisé en 83 départements dirigés par des assemblées élues. Chaque département est divisé en communes.

La justice devient gratuite

La vente des journaux (en 1789)
Avec la liberté de la presse, les journaux se multiplient. On les vend dans la rue, à la criée.

et égale pour tous. On fait appel à un jury populaire pour les crimes.

Pour résoudre les problèmes financiers de l'État, l'Assemblée décide de confisquer les terres du clergé et de les vendre. Elle remplace aussi les impôts de l'Ancien Régime par un impôt unique que chacun paie en fonction de ses revenus.

Enfin, l'Assemblée vote la Constitution civile du clergé. Jusque-là, le roi nommait les évêques qui étaient ensuite « investis » par le pape. Désormais, les évêques et les curés sont élus par les citoyens. Comme ils n'ont plus de terres et ne peuvent plus prélever la dîme, l'État leur verse un salaire.

Pour fêter le nouveau régime, La Fayette, commandant de la Garde nationale de Paris, décide d'organiser une grande fête nationale le 14 juillet 1790. Cette fête de la Fédération rassemble 14 000 délégués des Gardes nationales venus de toute la France sur le Champ-de-Mars à Paris. Elle est inaugurée par Louis XVI qui semble accepter les changements en cours.

La carte des départements en 1790
Beaucoup de départements portent des noms de fleuves, de rivières ou de montagnes. Ils ont une taille qui permet à chaque personne de rejoindre le chef-lieu du département en moins d'une journée de cheval.

La fin de la monarchie

À partir de 1791, les sans-culottes parisiens se méfient de plus en plus de Louis XVI. En août 1792, ils s'emparent du palais des Tuileries où vit le roi et le font emprisonner.

Les contre-révolutionnaires

Dès 1789, des nobles émigrent vers les pays voisins, et demandent aux rois étrangers d'intervenir en France pour rétablir l'Ancien Régime. En 1790, le Pape condamne la Constitution civile du clergé. De nombreux prêtres entrent dans l'opposition à la Révolution.

Par son attitude, le roi montre qu'il n'accepte pas non plus le nouveau régime. En juin 1791, sa famille et lui quittent en cachette le palais des Tuileries dans un carrosse. Louis XVI veut rejoindre des troupes qui lui sont fidèles à la frontière et rétablir son pouvoir absolu. Mais il est reconnu à Varennes, en Lorraine, et on le reconduit à Paris. Désormais les Parisiens se méfient de lui et certains d'entre eux commencent à réclamer une République, un régime sans roi.

La guerre contre l'Autriche et la Prusse

En avril 1792, le roi et l'Assemblée se mettent d'accord pour déclarer la guerre à l'empereur d'Autriche. L'Assemblée veut renverser la monarchie absolue autrichienne et donner la liberté aux peuples de l'empire. De son côté, Louis XVI espère secrètement profiter de la guerre pour rétablir son pouvoir absolu. Dans la Constitution, il est le chef de l'armée et c'est lui qui doit conduire les opérations.

La guerre commence très mal. Les troupes de l'Autriche et de la Prusse envahissent le nord et l'est de la France. L'Assemblée proclame alors la « patrie en danger » et fait appel à des volontaires pour résister à l'ennemi. Des gardes nationaux de provinces – les fédérés – se rendent à Paris pour protéger la capitale. Ceux venant de Marseille entonnent un nouveau chant de guerre que l'on appelle aussitôt La Marseillaise.

L'arrestation du roi à Varennes
En juin 1791, le roi et sa famille tentent de s'enfuir en carrosse. Ils se sont déguisés en bourgeois. Mais ils sont reconnus à Varennes et reconduits à Paris.

La prise des Tuileries et la chute du roi

Le duc de Brunswick commande les armées autrichienne et prussienne. En juillet 1792, il publie une lettre aux Parisiens dans laquelle il menace de détruire Paris s'il est fait du mal à Louis XVI. Pour beaucoup, le « manifeste de Brunswick » prouve l'alliance de Louis XVI avec les rois étrangers ; c'est la démonstration de sa trahison ! Le 10 août 1792, les sans-culottes et les fédérés attaquent et prennent le palais des Tuileries où habite Louis XVI. Ils exigent ensuite de l'Assemblée qu'elle emprisonne le roi et qu'elle accepte l'élection d'une nouvelle Assemblée au suffrage universel masculin, c'est-à-dire par tous les hommes. Elle sera appelée Convention.

À l'extérieur, la France remporte sa première grande victoire contre les Prussiens à Valmy le 20 septembre 1792.

Un sans-culotte parisien

Les sans-culottes sont des artisans et des petits commerçants. Ils veulent à tout prix défendre la Révolution contre ses ennemis. Ils ne mettent pas la culotte qui était une sorte de pantalon court porté par les nobles.

Gravure du XVIIe siècle, musée Carnavalet, Paris.

La prise des Tuileries

Le 10 août 1792, les sans-culottes et les fédérés attaquent le palais des Tuileries. Les gardes suisses (en rouge) tirent sur les assaillants et font une centaine de morts et de blessés. Le palais est pris et les gardes sont massacrés. Le roi et sa famille, qui s'étaient réfugiés à l'Assemblée, sont conduits à la prison du Temple.

La première République

Après le renversement du roi, la République est proclamée en septembre 1792. Malgré la guerre et de fortes oppositions, elle dure jusqu'en 1799.

Les débuts de la République

Le 22 septembre 1792, la nouvelle assemblée élue, la Convention, proclame la République, c'est-à-dire un régime politique sans roi. Puis les députés font le procès de Louis XVI et le condamnent à mort. Il est guillotiné le 21 janvier 1793. L'exécution de Louis XVI horrifie les rois européens. L'Autriche, la Prusse, l'Angleterre, la Hollande, l'Espagne forment une alliance militaire et attaquent la France de toutes parts. En Vendée (ouest de la France), les paysans qui sont favorables à la royauté et à l'Église se soulèvent contre la République.

La République est en danger ! Le 2 juin 1793, des milliers de sans-culottes parisiens encerclent la Convention et font arrêter de nombreux députés du parti Girondin qu'ils accusent d'être trop mous. Ils remettent le pouvoir aux députés de la Montagne, prêts à des mesures d'exception pour défendre la République. Mais ce coup de force entraîne la révolte des départements fidèles aux Girondins.

L'exécution de Louis XVI

Le 21 janvier 1793, le roi est guillotiné devant une foule rassemblée place de la Révolution (l'actuelle place de la Concorde).

La Terreur (1793-1794)

Dominée par Robespierre, la Convention montagnarde met « la Terreur à l'ordre du jour ». Elle convoque à l'armée tous les hommes célibataires de 25 à 30 ans. Elle crée ainsi une armée gigantesque de 800 000 soldats ! Elle condamne à mort les généraux inefficaces. Elle vote la « loi des suspects » qui permet d'arrêter et d'exécuter tous ceux qui sont suspectés de s'opposer à la République et aux Montagnards : il peut s'agir d'anciens nobles, de clercs, de Girondins... Dans de nombreuses communes, on ferme les églises et on interdit le culte catholique parce que l'on pense

que l'Église est opposée à la Révolution. Pour satisfaire les sans-culottes, une loi fixe un prix maximum pour le pain et divers produits de la vie quotidienne.
En 1794, les armées étrangères sont repoussées hors de France. La révolte vendéenne est écrasée. Parmi les Montagnards, les Indulgents, derrière Danton, demandent l'arrêt de la Terreur, alors que les Enragés conduits par Hébert, veulent l'accentuer. Robespierre les fait tous guillotiner. Effrayée, la Convention fait alors exécuter Robespierre le 28 juillet 1794.

Le Directoire

Après la chute de Robespierre, les députés de la Convention mettent fin à la Terreur et rédigent une Constitution qui donne naissance à un nouveau régime républicain, le Directoire (1795-1799).

Sous le Directoire, beaucoup d'habitants vivent dans la misère alors qu'une minorité de personnes proche du pouvoir s'enrichit. Le mécontentement grandit.
Mais à l'extérieur du pays, la France continue de remporter des victoires ! Nommé à la tête de l'armée d'Italie, le général Bonaparte est victorieux des Autrichiens et devient très populaire. Le Directoire l'éloigne en l'envoyant combattre en Égypte. Mais en 1799, il revient en France.Il profite de l'impopularité du régime pour s'emparer du pouvoir par un coup d'État, le 9 novembre.

Robespierre (1758-1794)

Son honnêteté est reconnue et les Parisiens le surnomment « l'incorruptible ». Élu à la Convention en 1792, il siège parmi le groupe des Montagnards avec son ami Danton. Il pousse la Convention à la condamnation à mort du roi. À l'été 1793, il met en place les principales mesures de la Terreur. Mais en mars et avril 1794, il fait exécuter les Montagnards qui sont en désaccord avec lui. Le 27 juillet 1794, il est arrêté par la Convention et, le lendemain, il est guillotiné.

La guerre de Vendée

L'armée vendéenne est dirigée par des nobles et composée de paysans favorables au roi et à l'Église. Les combats entre elle et l'armée républicaine sont d'une grande violence. Ce tableau représente la prise de Cholet par les Vendéens et le suicide du général républicain Moulin qui gardait la ville.

La mort du général Moulin en 1794, Jules Benoît-Levy, 1900.

Bonaparte, premier consul

En 1799, le général Napoléon Bonaparte s'empare du pouvoir par un coup d'État et renverse la République. Il met en place un nouveau régime, le Consulat. C'est la fin de la période révolutionnaire.

Bonaparte, maître de la France

Après son coup d'État, Napoléon Bonaparte fait rédiger une nouvelle Constitution qui donne presque tout le pouvoir à un Premier consul, c'est-à-dire à lui-même. Puis il demande aux Français s'ils acceptent la nouvelle Constitution, en votant par oui ou par non. C'est un référendum. Le oui l'emporte. Deux ans plus tard, en 1802, il se fait nommer Consul à vie.

Bonaparte centralise tout le pouvoir entre ses mains. Il nomme des préfets pour diriger les départements. Il désigne les maires des grandes villes et les juges.

Il ne tolère pas l'opposition. Il fait supprimer de nombreux journaux, limite la liberté de réunion, développe la police pour surveiller ses opposants.

Réconcilier la nation

En 1801, après avoir conquis l'Italie, Bonaparte fait la paix avec l'Autriche et l'Angleterre. Pour la première fois depuis 1792, la France n'est plus en guerre.

Bonaparte maintient les principaux acquis de la Révolution : l'égalité des droits entre les personnes, la vente des biens du clergé.

Il cherche à réconcilier les Français entre eux. Il autorise le retour des nobles qui avaient fui le pays pendant la Révolution. Il offre des postes de préfets ou de maires aux anciens royalistes comme

L'ascension de Bonaparte

Napoléon naît en 1769 en Corse dans une famille nombreuse. Il étudie à l'école militaire de Brienne, sur le continent. Sauvage, il se replie sur lui-même et lit des livres. En 1796, il épouse Joséphine de Beauharnais, déjà mère de deux grands enfants. Sous le Directoire, nommé général, il remporte la victoire contre l'Autriche (1797). En 1798, le Directoire l'envoie combattre en Égypte. En 1799, il revient en France et s'empare du pouvoir par un coup d'État le 9 novembre.

Bonaparte au pont d'Arcole en 1796, Antoine-Jean Gros, 1801.

Le franc

Le Code civil

Le lycée d'État

La Légion d'honneur

aux anciens révolutionnaires. Il satisfait aussi les catholiques en signant avec le pape un accord, le Concordat de 1801 : l'État nomme les évêques, leur verse un salaire et exige leur soumission ; mais le pape les investit.

Les « masses de granit »

Bonaparte fonde des institutions nouvelles qu'il appelle les « masses de granit ». Il crée la banque de France et une nouvelle monnaie stable, le franc (1803). Il met en place les premiers lycées d'État pour former des fonctionnaires compétents et une nouvelle élite. Il fait aussi rédiger le Code civil ou Code Napoléon, un recueil de lois qui fixe les règles de droit concernant les personnes, la famille, les biens, les contrats et qui est encore la base de notre droit civil actuel (1804). Enfin il institue la Légion d'honneur pour récompenser les services rendus à la nation.
Bonaparte cherche aussi à relever l'économie du pays. Sous le Consulat, l'État accorde des aides financières aux industriels et aux inventeurs et fait entreprendre de grands travaux pour améliorer les routes et les canaux.

Bonaparte remet la Légion d'honneur

Le sacre de Napoléon

Après plusieurs années à la tête de la France comme Consul, Napoléon Bonaparte se fait sacrer empereur sous le nom de Napoléon Ier le 2 décembre 1804. Il reçoit l'huile sainte par le pape Pie VII, puis il se couronne lui-même avant de couronner sa femme Joséphine de Beauharnais.
À la demande de Napoléon, Jacques-Louis David peint la cérémonie sur un immense tableau qui est achevé en 1808.

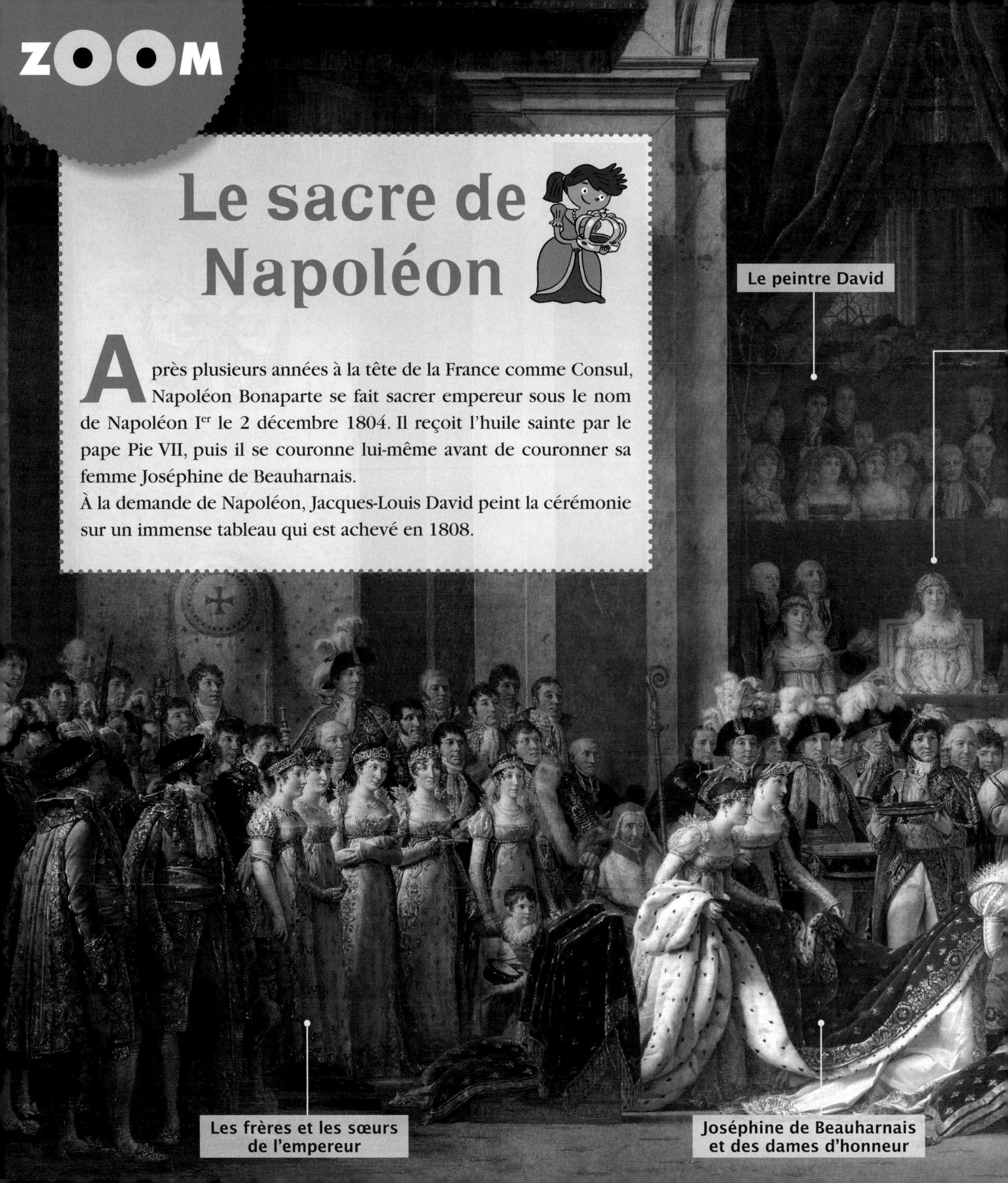

Le Sacre de Napoléon,
de David

1804 1815

Le Premier Empire

Empereur, Napoléon Ier renforce encore son pouvoir. Il reprend la guerre contre les grandes puissances européennes et occupe une grande partie de l'Europe. Mais en 1815, il est battu et l'Empire s'effondre.

Un empereur autoritaire

Après son sacre, Napoléon se comporte comme un roi. Il s'entoure d'une cour et crée une nouvelle noblesse, la noblesse impériale ; mais à la différence de celle de l'Ancien Régime, elle n'a pas de privilèges.

Napoléon n'a pas d'enfant avec sa femme Joséphine de Beauharnais. Pour avoir un héritier, il divorce et épouse Marie-Louise, la fille de l'empereur d'Autriche. Elle donne naissance à un fils qui reçoit le titre de « roi de Rome ».

Napoléon gouverne désormais seul. Les assemblées qu'il a créées ne sont plus consultées, ni même les ministres. Les libertés de presse et de réunion disparaissent et les opposants sont arrêtés.

Napoléon avec son armée à la bataille d'Iéna

À la bataille d'Iéna en 1806, en Allemagne, Napoléon remporte une victoire totale contre les Prussiens.

À la conquête de l'Europe

Napoléon reprend la guerre. Sur mer, la flotte française est anéantie par les Anglais près du cap Trafalgar au sud de l'Espagne (1805). Mais sur terre, l'armée napoléonienne – la Grande Armée – remporte la bataille d'Austerlitz (1805) et de nombreuses autres victoires. L'Empereur devient ainsi le maître d'une grande partie de l'Europe.

En 1811, la France est beaucoup plus grande qu'en 1789 : elle comprend 130 départements. Elle est entourée d'États à la tête desquels Napoléon a placé des hommes fidèles ou des membres de sa famille. Les autres pays d'Europe sont devenus des alliés. Seule l'Angleterre est encore en guerre contre la France, mais Napoléon espère la ruiner en l'empêchant de faire du commerce avec le continent.

Pour survivre et se nourrir, la Grande Armée pille les pays qu'elle occupe. Leurs habitants doivent en plus payer de lourds impôts et fournir des soldats à Napoléon. Certains ne supportent plus l'occupation. En Espagne, le peuple se soulève et mène une guérilla, une guerre de harcèlement, contre l'armée française.

La chute de Napoléon

En 1812, Napoléon envahit la Russie et entre à Moscou. Mais le territoire russe est bien trop vaste et difficile à contrôler. L'Empereur décide alors de rentrer en France. La retraite de Russie est catastrophique à cause du froid et des attaques incessantes des Russes.

Plusieurs pays européens se dressent alors contre Napoléon, qui n'a plus assez de soldats pour faire face. En 1814, ils envahissent la France et l'Empereur abdique. Il est exilé sur l'île d'Elbe, en Méditerranée.

Cependant Napoléon ne s'avoue pas vaincu ! En 1815, il quitte l'île d'Elbe et reprend le pouvoir. Mais pour cent jours seulement. De nouveau battu à Waterloo en Belgique le 18 juin 1815, il est exilé dans la lointaine île de Sainte-Hélène, au cœur de l'océan Atlantique. Il y meurt de maladie quelques années plus tard. Les rois d'Europe rétablissent la monarchie en France en 1815 et Louis XVIII, frère de Louis XVI, devient roi.

L'Europe napoléonienne en 1811

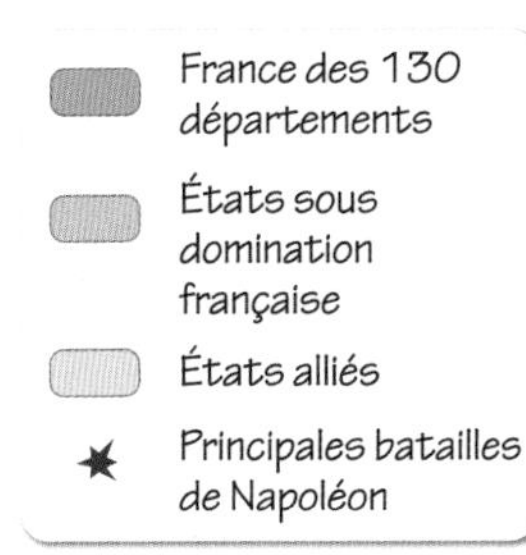

La guerre d'Espagne

Le 2 mai 1808, le peuple de Madrid se soulève contre l'occupation française. Les responsables sont fusillés. C'est le début d'une longue guerre entre les Espagnols et l'armée française.

Tres de Mayo de Goya, 1814, musée du Prado, Madrid.

Le XIXe siècle

(1815-1914)

- Le XIXe siècle historique débute avec la chute de l'empire napoléonien en 1815 et s'achève avec le début de la Première Guerre mondiale en 1914.
- Au XIXe siècle, le pays s'industrialise rapidement. Les villes se développent et la société se transforme. La France fait la conquête d'un vaste empire colonial en Afrique et en Asie.
- Plusieurs régimes politiques se succèdent durant le siècle : la monarchie constitutionnelle (1815-1848), la République (1848-1851), le Second Empire (1852-1870). En 1870, la République s'installe durablement.

1871
Défaite contre
la Prusse

1882
Lois scolaires

1884
Autorisation
des syndicats

1885 : Pasteur et le vaccin
contre la rage

Affaire
Dreyfus
1894-1898

1895
Début du cinéma

1900
Début de
l'automobile

1905
Loi de
séparation
de l'Église
et de l'État

1911
Colonisation
du Maroc

DÉBUT DE
LA PREMIÈRE
GUERRE MONDIALE
1914

GAMBETTA – JULES FERRY

IIIe RÉPUBLIQUE

1870

1900

La révolution industrielle

Au XIXe siècle, la France et d'autres pays d'Europe de l'Ouest font leur révolution industrielle : de nouvelles machines et de nouvelles techniques permettent une augmentation importante de la production d'objets.

L'essor de l'industrie

À la fin du XVIIIe siècle, l'Écossais James Watt crée une machine à vapeur efficace qui fait tourner des roues. Au cours du XIXe siècle, on invente des machines à filer et à tisser le coton. On met aussi au point des techniques pour fabriquer des objets en fonte et en acier. Les nouvelles machines sont regroupées dans de vastes bâtiments qu'on appelle les usines.

La production textile augmente beaucoup : on fabrique de plus en plus de fils, de tissus, de vêtements. L'industrie métallurgique (du métal) se développe avec la production de machines, de rails pour les chemins de fer et de matériel pour la construction.

Les usines sont construites près des mines de charbon nécessaire aux machines à vapeur et à la métallurgie. Ainsi de grandes régions industrielles se constituent dans le nord de la France, en Lorraine, et autour du Massif central. On les appelle les pays noirs, en raison de la suie qui se dépose partout.

Une usine textile au XIXe siècle

Les ouvriers travaillent sur des machines à tisser ou à imprimer les tissus. Elles sont actionnées par des roues que la machine à vapeur fait tourner.

Gravure du XIXe siècle.

❶ métier à tisser

❷ impression des motifs

❸ roues et courroies entraînant les machines

La révolution des transports

La France s'équipe en chemins de fer entre 1840 et 1870. Fonctionnant grâce au charbon et à la vapeur, le chemin de fer sert au transport des marchandises et aussi des personnes. Il permet des déplacements plus rapides et réguliers qu'avec la voiture à cheval.

Sur les fleuves et les mers, les navires à vapeur remplacent peu à peu les bateaux à voiles. Ils sont munis de grosses roues qui les font avancer, puis d'hélices.

Au milieu du siècle, la société créée par Ferdinand de Lesseps creuse un canal en Égypte entre la mer Méditerranée et la mer Rouge. Inauguré en 1869, le canal de Suez permet aux navires d'atteindre l'Asie sans faire le tour de l'Afrique.

Grâce à ces changements, les échanges augmentent beaucoup à l'intérieur de la France ainsi qu'entre la France et le reste du monde.

Les grandes sociétés et les banques

Pour construire une ligne de chemin de fer, exploiter une mine de charbon, construire une usine, il faut beaucoup de « capitaux », c'est-à-dire d'argent.

Pour cela, les chefs d'entreprise peuvent emprunter aux nouvelles « banques de dépôts » qui recueillent les économies des épargnants.

Ils peuvent aussi diviser leurs sociétés en de très nombreuses parts, appelées actions, qui sont vendues à la Bourse de Paris. Ils créent ainsi une société par actions (ou société anonyme). Grâce à l'argent réuni, le chef d'entreprise a les moyens financiers de réaliser ses nouveaux projets.

Les débuts de l'électricité et de l'automobile

À partir de 1880, c'est le début de la deuxième révolution industrielle. On commence à produire de l'électricité. Vers 1900, on invente les premières automobiles à essence. Mais elles sont très chères et seules les personnes suffisamment riches peuvent se les acheter.

Les chemins de fer au XIXe siècle

Pour développer les chemins de fer, il a fallu construire des voies ferrées, de nouveaux ponts et des tunnels. Au premier plan, un passage à niveau.

La nouvelle société

Jusqu'au XIXe siècle, la plupart des Français sont des paysans qui vivent à la campagne. Les personnes les plus riches sont les grands propriétaires de la terre. Mais avec l'industrialisation, les villes s'étendent et la société se transforme.

La croissance des villes

Au XIXe siècle, des personnes quittent leurs villages pour trouver du travail dans les usines et dans les mines. C'est l'exode rural, le départ des habitants des campagnes vers les villes. Les villes s'agrandissent et se multiplient.

Dans les grandes villes, l'afflux de population pose des problèmes. Il n'y a pas assez de logements, le réseau des égouts n'est pas assez étendu, les transports publics sont insuffisants… On y réalise donc de grands travaux : percement de larges avenues, construction de tramways, amélioration de l'habitat. La première ligne du métro parisien est ouverte en 1900.

De plus en plus d'ouvriers

Les ouvriers d'usines et de mines sont de plus en plus nombreux. Parmi eux, il y a des femmes et des enfants. Le travail des enfants de moins de huit ans n'est interdit qu'en 1841 !

Les ouvriers ont des vies très difficiles. Ils doivent supporter des journées de travail très longues qui sont parfois de quatorze heures (et six ou sept jours sur sept). Les accidents du travail sont fréquents. Les salaires sont très faibles et les ouvriers ne peuvent pas mettre d'argent de côté. Quand ils sont au chômage (c'est-à-dire sans travail), malades ou trop vieux pour travailler, ils n'ont aucun revenu. À l'époque, il n'y a pas de sécurité sociale !

Des ouvriers de la métallurgie
Les ouvriers saisissent avec de grandes barres des cuves remplies de métal en fusion. Le travail dans la métallurgie était harassant et dangereux parce qu'il se faisait à proximité du métal en fusion.
Huile sur toile de Jean Rixens, 1887.

Le travail des enfants

Dans la première moitié du XIXe siècle, beaucoup d'enfants travaillent dans les mines ou l'industrie. On les payait très peu et leurs petites mains étaient utiles pour travailler sur les machines textiles. Dans les mines, ils pouvaient passer dans des galeries très étroites.

Cependant, à la fin du siècle, leur situation s'améliore. Ils obtiennent le droit de grève et le droit de se regrouper dans des syndicats pour se défendre. Les députés votent des lois qui réduisent le temps de travail. Les salaires augmentent aussi, ce qui permet aux ouvriers de mieux se nourrir et de mieux se loger.

La grande bourgeoisie et les classes moyennes

Avec l'industrialisation, les patrons d'usines, les marchands en gros, les banquiers s'enrichissent. Ces grands bourgeois vivent dans des hôtels particuliers (des maisons de ville) ou des appartements luxueux servis par de nombreux domestiques. Ils organisent de grandes réceptions où ils se reçoivent entre eux. Ils fréquentent l'aristocratie (l'ancienne noblesse). L'hiver et l'été, ils envoient leurs familles dans les nouvelles stations balnéaires situées sur la Côte d'Azur et en Normandie. Alors que la grande bourgeoisie s'enrichit, les classes moyennes se développent : il y a de plus en plus de médecins, avocats, notaires, commerçants, employés de bureau, enseignants. Ils épargnent pour leur retraite et pour que leurs enfants puissent faire de bonnes études et avoir une meilleure situation qu'eux plus tard.

Une soirée chez les grands bourgeois
Peinture de J. Béraud, vers 1880, musée Carnavalet, Paris.

La conquête des colonies

À partir de 1830, les pays européens se lancent à la conquête de nouveaux territoires en Afrique et en Asie et y créent des colonies. Vers 1914, la France possède l'empire colonial le plus vaste après celui de l'Angleterre.

Les conquêtes en Afrique et en Asie

La France a commencé à coloniser l'Algérie en 1830. Mais c'est surtout après 1870, sous la troisième République, que s'accélère la colonisation, la conquête de territoires lointains. La France s'empare d'une partie de l'Afrique de l'Ouest, de la Tunisie, de Madagascar et de l'Indochine. Le Maroc est conquis en 1911.

La France l'emporte parce qu'elle a la supériorité des armes et que les peuples en face d'elle sont divisés. Au début de la colonisation, la violence des guerres et les maladies venant d'Europe font de nombreux morts parmi les habitants.

L'exploitation des colonies

Dans les colonies, des colons ou de grandes sociétés françaises s'emparent des meilleures terres agricoles, pour y faire des plantations de café, de cacao, de palmiers à huile... Ils font creuser des mines et y exploitent les minerais. En revanche, ils ne développent pas l'industrie.

L'administration française fait construire des voies de chemin de fer et des ports afin de faciliter l'acheminement des produits agricoles et des minerais vers la France. Autour des ports, elle bâtit des villes sur le modèle européen.

La conquête du Dahomey (Bénin)

En 1892, les Français partent à la conquête du Dahomey, en Afrique, gouverné par le roi Behanzin. À la suite de cette guerre meurtrière, le Dahomey devient une colonie.

Gravure en couleurs du Petit Journal, 1892.

Les indigènes (originaires du pays) doivent payer des impôts très lourds pour eux. Ils doivent aussi fournir des corvées, des travaux gratuits, pour construire les routes ou les chemins de fer. Ces corvées sont épuisantes et très mal supportées.

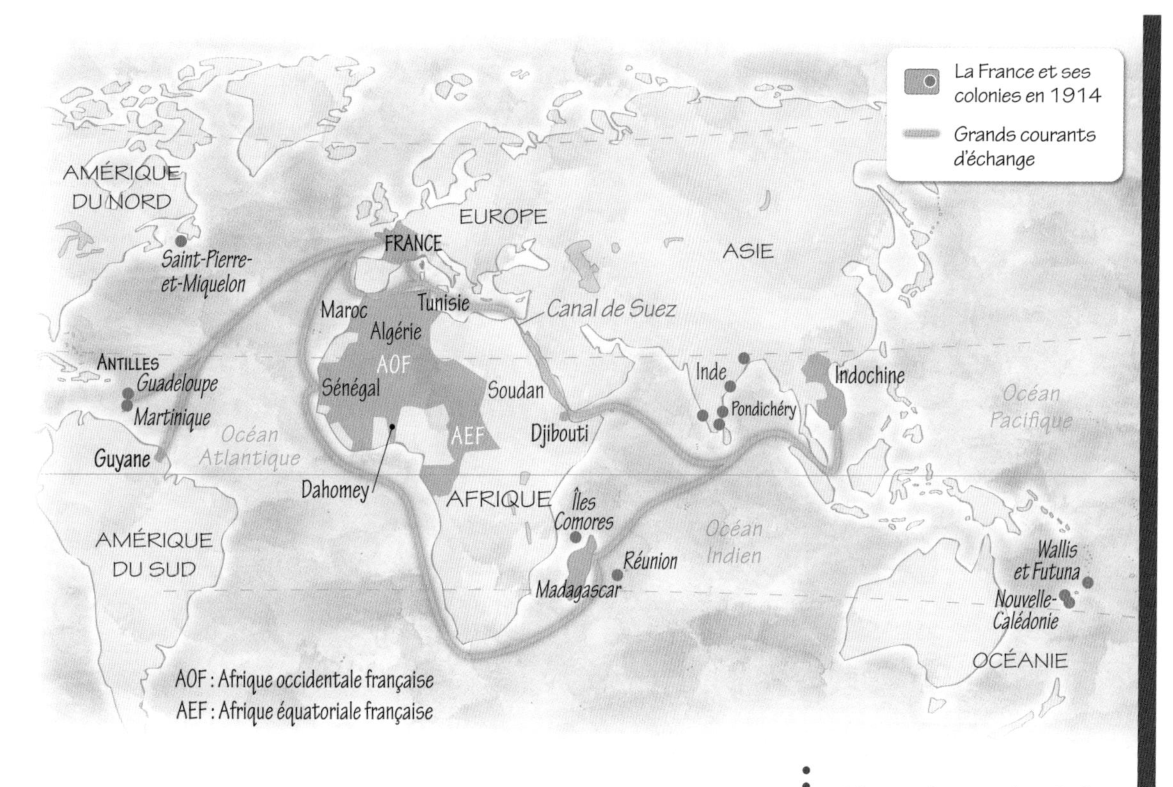

L'empire colonial français en 1914

En 1914, la France a le deuxième empire colonial par sa superficie et sa population, après l'Angleterre.

La « mission civilisatrice » de la France

La France bâtit quelques hôpitaux dans les villes et développe la recherche sur les maladies tropicales. Après 1900, elle organise des campagnes de vaccination pour éviter la propagation des épidémies.

Elle crée aussi des écoles mais celles-ci ne scolarisent qu'un petit nombre d'enfants. Les cours sont donnés en français et on y enseigne l'histoire de France et non celle de la colonie. Les jeunes y apprennent que leurs ancêtres sont les Gaulois ! La langue française se répand peu à peu.

Des religieux, les missionnaires, se rendent dans les colonies pour y convertir les habitants au christianisme. En Afrique noire, la religion catholique est adoptée par une partie d'entre eux.

Les rivalités coloniales

À partir de la fin du XIXe siècle, les puissances européennes se disputent les colonies. Envoyé par la France, le capitaine Marchand part à la conquête du Soudan. En 1898, il y rencontre Lord Kitchener, le chef d'une expédition anglaise, à Fachoda. La guerre va-t-elle avoir lieu entre les deux pays ? Finalement, la France abandonne le Soudan à l'Angleterre.

En 1904 et en 1911, la France et l'Allemagne sont prêtes à se faire la guerre pour s'emparer du Maroc. C'est la France qui établit sa domination sur le pays, mais elle donne le Cameroun en échange à l'Allemagne.

Un missionnaire français

Des religieux venus de France enseignent le message chrétien aux jeunes Africains. C'est ainsi que le christianisme se répand dans certaines régions d'Afrique.

1815 1851

De la monarchie à la république

Après l'abdication de Napoléon Ier, la monarchie est rétablie en 1815. Mais les partisans de la république et des libertés sont nombreux parmi les ouvriers et les étudiants.

La Restauration (1815-1830)

Après l'abdication de Napoléon Ier, Louis XVIII (1815-1824) devient le roi. Il adopte une Constitution, la Charte de 1815, qui partage le pouvoir entre le roi et une chambre des députés élue au suffrage censitaire (par les citoyens riches). Louis XVIII remplace le drapeau tricolore – adopté sous la Révolution et l'Empire – par le drapeau blanc de la Monarchie.

En 1824, Charles X (1824-1830) succède à son frère. Il nomme des ministres « ultra-royalistes ». En juillet 1830, il supprime la liberté de la presse et limite le droit de vote aux hommes les plus riches du royaume.

Louis-Philippe Ier (1830-1848)

Proclamé « roi des Français » en 1830, Louis-Philippe Ier est le dernier roi à avoir régné en France. Il a succédé à son cousin Charles X et a mis en place un nouveau régime appelé « monarchie de Juillet ».

On peut craindre le retour de la monarchie absolue !

À Paris, le 27 juillet 1830, la révolte éclate et les Parisiens dressent des barricades. Au bout de trois jours de soulèvement, qu'on appelle « les Trois Glorieuses », Charles X abdique et s'enfuit.

La monarchie de Juillet (1830-1848)

Les députés désignent comme roi Louis-Philippe, le cousin de Charles X, parce qu'il souhaite le maintien des mesures de 1789. Le nouveau régime est appelé monarchie de Juillet. Louis-Philippe rétablit le drapeau tricolore. Il permet à davantage de citoyens de voter et leur accorde plus de libertés. Mais pour les partisans de la république, ces avancées sont très insuffisantes. À partir de 1846, le mécontentement grandit à cause de la hausse du prix du pain et de l'augmentation du chômage.

Le 22 février 1848, à Paris, des ouvriers et des étudiants manifestent, puis ils construisent des barricades à travers les rues. Le 24 février, le roi abdique et s'enfuit en Angleterre.

Les révolutionnaires proclament la République et forment un gouvernement provisoire.

La deuxième République (1848-1852)

Dirigé par le poète Lamartine, le nouveau gouvernement établit le suffrage universel masculin : tous les hommes citoyens peuvent voter et pas seulement les plus riches ! Sous l'impulsion du ministre Victor Schoelcher, il abolit définitivement l'esclavage dans les Antilles et à la Réunion (avril 1848). Il crée enfin des ateliers nationaux financés par l'État pour employer les ouvriers au chômage.

Les premières élections au suffrage universel ont lieu en avril 1848. Les Français élisent une Assemblée constituante qui remplace le gouvernement provisoire. Une de ses premières décisions est de fermer les ateliers nationaux, accusés d'être trop coûteux. Cette mesure entraîne la révolte des ouvriers au mois de juin. L'Assemblée rétablit l'ordre en tuant des centaines de personnes.

Le 10 décembre 1848, a lieu l'élection du président de la République. C'est Louis Napoléon Bonaparte, neveu de Napoléon Iᵉʳ, qui l'emporte. Il exerce d'abord sa fonction de président en partageant le pouvoir avec l'Assemblée comme l'exige la nouvelle Constitution. Mais le 2 décembre 1851, le jour anniversaire du sacre de son oncle, il fait un coup d'État : il chasse les députés de l'Assemblée et s'empare de la totalité du pouvoir.

Lamartine devant l'Hôtel de Ville (25 février 1848)

Après la proclamation de la deuxième République, Lamartine, chef du gouvernement provisoire, choisit comme emblème le drapeau bleu, blanc rouge plutôt que le drapeau rouge qui rappelle trop la Terreur révolutionnaire. Il s'adresse au peuple parisien qui vient de renverser le roi Louis-Philippe.

La Liberté guidant le peuple

En 1830, le roi de France Charles X essaie de rétablir son pouvoir absolu. Mais les Parisiens refusent. Ils se soulèvent pendant trois jours du 27 au 29 juillet 1830 et Charles X doit abdiquer. Il est remplacé par Louis-Philippe.
La révolution des « Trois Glorieuses » a été représentée par le célèbre peintre romantique Eugène Delacroix. Durant les journées révolutionnaires, il est descendu dans la rue et a fait des esquisses pour son futur tableau. Achevé en 1831 et exposé brièvement au public, le tableau est acheté par le roi Louis-Philippe. Mais celui-ci ne l'expose plus, par crainte qu'il ne donne de mauvaises idées au peuple…

La Liberté guidant le peuple

La Liberté guide le peuple contre le roi Charles X. Elle porte le drapeau tricolore, aux couleurs de 1789. Au pied des révolutionnaires, une barricade faite de planches de bois et de pavés parisiens.

Peinture d'Eugène Delacroix, 1831, musée du Louvre.

- **un ouvrier** (en blouse)
- **un bourgeois**
- **un étudiant** (de polytechnique)
- **un ouvrier blessé**
- **le cadavre d'un insurgé**
- **un gamin de Paris** (avec le sac d'un soldat de Charles X et des pistolets volés)
- **le cadavre d'un soldat de Charles X**
- **Notre-Dame de Paris**

1852 1870

Napoléon III et le Second Empire

Le 2 décembre 1852, un an après son coup d'État, Louis Napoléon se fait sacrer empereur sous le nom de Napoléon III. L'Empire dure jusqu'en 1870.

Napoléon III, sa femme Eugénie et leur fils

Neveu de Napoléon Ier, Louis Napoléon Bonaparte est un jeune homme très cultivé qui rêve de prendre le pouvoir et de rétablir l'Empire. Élu président de la République en décembre 1848, il s'empare de la totalité du pouvoir après son coup d'État du 2 décembre 1851. Un an plus tard, le 2 décembre 1852, il rétablit l'Empire. La date du 2 décembre ne tient rien du hasard : c'est la date anniversaire du sacre de Napoléon Ier !

Napoléon III, empereur

Napoléon III (1852-1870) gouverne d'abord la France de façon autoritaire. Il fait arrêter ses opposants politiques ou les oblige à quitter la France. Le célèbre poète et écrivain Victor Hugo est ainsi contraint à l'exil.

Mais après 1859, l'empereur pense que son régime est devenu solide et il rétablit quelques libertés. Il accorde le droit de grève aux ouvriers en 1864 (ils ne l'avaient jamais eu auparavant). Puis il rétablit en partie les libertés de presse et de réunion.

L'œuvre intérieure de Napoléon III

Durant le règne de Napoléon III, le pays commence réellement à s'industrialiser. Les usines textiles et métallurgiques se multiplient et les villes s'agrandissent. Le réseau de chemin de fer s'étend considérablement. Les premières grandes banques apparaissent aussi à cette époque : la Société générale et le Crédit lyonnais, qui existent encore aujourd'hui.

Napoléon III décide de changer le visage de Paris pour en faire une capitale prestigieuse. Les travaux, dirigés par le baron Haussmann, préfet de Paris, durent tout l'Empire et se poursuivent même après. On perce de larges avenues pour faciliter les déplacements et on crée des espaces verts. Les alentours des vieux monuments sont dégagés et on en construit de nouveaux : les gares, l'Opéra. Les avenues sont bordées d'immeubles bien alignés et assez semblables les uns aux autres, qu'on appelle aujourd'hui les « immeubles haussmanniens ».

Paris prend donc son allure actuelle sous Napoléon III.

La politique extérieure de Napoléon III

Napoléon III intervient en Italie pour chasser les Autrichiens de la région de Milan. En 1859, il remporte les victoires de Magenta et de Solferino contre l'Autriche. En échange de cette aide, le roi italien du Piémont Sardaigne donne Nice et la Savoie à la France (1860).

Napoléon III étend aussi l'empire colonial français : il achève la conquête de l'Algérie commencée en 1830 et acquiert la Nouvelle-Calédonie. Il envoie son armée au Mexique mais les Mexicains se révoltent et l'armée doit rentrer en France.

En 1870, l'empereur de plus en plus sûr de lui déclare la guerre à la Prusse, l'État le plus puissant d'Allemagne. Mais dès le début du conflit, il est fait prisonnier avec le gros de son armée à Sedan, dans les Ardennes. Aussitôt la nouvelle connue à Paris, les Républicains proclament la République (4 septembre 1870). Léon Gambetta forme un nouveau gouvernement de la défense nationale.

L'avenue de l'Opéra, une avenue haussmannienne

Au bout de l'avenue bordée d'immeubles haussmanniens, on distingue le nouvel Opéra de Paris.

C. Pissarro, L'avenue de l'Opéra, XIXᵉ siècle.

L'armée prussienne en 1870

La guerre de 1870 et la naissance de l'empire allemand

En 1870, l'empereur Napoléon III déclare la guerre à la Prusse. La Prusse et les autres États allemands qui se sont joints à elle remportent la victoire. En 1871, le roi de Prusse est alors proclamé empereur de l'Allemagne unifiée par les autres souverains allemands à Versailles. La France perd l'Alsace et le nord de la Lorraine.

1870 1900

Les débuts de la IIIe République

Le 4 septembre 1870, la République est proclamée. Elle va durer jusqu'en 1940.

Jules Ferry (1832-1893)

Entre 1879 et 1885, Jules Ferry est ministre de l'Instruction publique et président du Conseil (Premier ministre). En 1882, il fait voter les lois scolaires et les lois qui établissent les libertés de presse et de réunion. Favorable à l'empire colonial, il engage l'armée dans la conquête de l'Indochine en Asie.

Deux années incertaines : 1870,1871

En 1870, l'armée prussienne envahit la France et fait le siège de Paris. Malgré ses efforts, le gouvernement de Gambetta ne parvient pas à la repousser. Il signe l'armistice, l'arrêt des combats. Peu après, en janvier 1871, les États allemands proclament le roi de Prusse empereur d'Allemagne dans la galerie des Glaces du château de Versailles.

En février 1871, les Français élisent une nouvelle Assemblée pour gouverner la France. Mais ce sont les royalistes qui gagnent les élections ! En attendant de choisir un roi, ils nomment Thiers chef du gouvernement.

Les Parisiens ne veulent pas du nouveau gouvernement royaliste. Ils se révoltent et élisent leur propre gouvernement, la Commune de Paris. Thiers envoie alors l'armée reprendre la ville. Elle écrase les défenseurs de la Commune du 21 au 26 mai 1871. La « semaine sanglante » fait des milliers de morts.

Le gouvernement de Thiers signe ensuite avec l'Allemagne le traité de Francfort. La France cède à l'Allemagne l'Alsace et le nord de la Lorraine et doit lui verser une grosse somme d'argent.

La République s'installe

Après 1875, les républicains progressent dans les élections et, à partir de 1879, ils dirigent la France. Les royalistes, qui n'ont donc pas réussi à rétablir la monarchie, entrent dans l'opposition.

La Marseillaise devient l'hymne national et le 14 juillet la fête nationale. La nouvelle devise de la République, « Liberté, Égalité, Fraternité », est inscrite sur les bâtiments publics.

Les républicains font de grandes réformes. Ils votent la liberté de presse et de réunion (1882). Ils autorisent les syndicats (1884). Surtout, en 1882, le ministre de l'Instruction publique Jules Ferry fait voter les lois scolaires : l'école devient obligatoire pour tous les enfants de 6 à 13 ans et l'école publique devient gratuite et laïque (on ne peut plus y enseigner les religions).

La République résiste aux crises. En 1889, le général Boulanger, soutenu par les opposants à la République, est sur le point de s'emparer du pouvoir. Mais le gouvernement républicain menace de l'emprisonner et il s'enfuit en Belgique. De 1894 à 1899, l'affaire Dreyfus divise les Français. Elle se termine par la victoire de ceux qui défendent les valeurs de la République.

Le 14 juillet 1883 sur la place de la République à Paris

Le 14 juillet, c'est la fête nationale, en souvenir de la prise de la Bastille. Les enfants des écoles défilent avec l'uniforme devant la statue de la République à Paris, récemment inaugurée.

Gravure, fin du XIXe siècle, musée Carnavalet, Paris.

La République radicale

À partir de 1899, les républicains radicaux gagnent les élections. Menés par Clemenceau, ils sont anticléricaux, c'est-à-dire très opposés au clergé. En 1905, ils votent la loi de séparation de l'Église et de l'État. Cette loi prévoit que l'État ne versera plus de salaires au clergé (évêques et curés) et qu'il ne s'occupera plus de religion. Les socialistes, qui se veulent les défenseurs des intérêts des ouvriers, progressent dans les élections. En 1905, ils s'unissent dans un grand parti politique, le parti socialiste (la SFIO) dirigé par Jean Jaurès.

La dégradation de Dreyfus aux Invalides (1895)

L'Affaire Dreyfus

Officier français et Juif, Dreyfus est accusé à tort de trahison en faveur de l'Allemagne. En 1894, il est condamné par un tribunal militaire à être dégradé et à être déporté au bagne en Guyane. En 1898, on découvre le vrai coupable, mais Dreyfus est maintenu en prison. L'écrivain Émile Zola dénonce l'attitude de l'armée dans un article de journal intitulé « J'accuse... ! ». La France se divise en deux camps : les dreyfusards qui veulent qu'on libère Dreyfus au nom des droits de l'homme et de la justice ; les antidreyfusards qui ne le veulent pas par antisémitisme (haine des Juifs) et par soutien à l'armée. Finalement, le président de la République gracie Dreyfus qui est libéré.

Les changements culturels

À partir de 1870, les changements dans le domaine culturel s'accélèrent : progrès scientifiques, essor de l'instruction et de la presse, baisse des pratiques religieuses, apparition de nouveaux loisirs.

Pasteur (1822-1895)
Pasteur réalise le premier vaccin contre la rage et le teste avec succès en 1885 sur Joseph Meister, un jeune garçon alsacien mordu par un chien enragé. Les découvertes de Pasteur ont modifié la vie des Français : vaccination des enfants, usage du lait bouilli et des tétines stérilisées, lavage régulier des mains, etc.

Les progrès de la science

Les progrès scientifiques sont très importants, surtout en médecine. Louis Pasteur découvre l'existence des microbes et montre qu'ils peuvent être détruits par la chaleur. Désormais, on sait désinfecter les instruments chirurgicaux ou les tétines de biberon ! Pasteur met aussi au point le vaccin contre le virus de la rage en 1885. Après Pasteur, on fabriquera d'autres vaccins.

La baisse des pratiques religieuses

Si les pratiques religieuses restent fortes dans les campagnes, elles diminuent dans les villes. Les ouvriers désertent les églises le dimanche et lors des fêtes chrétiennes. Certains ne font pas baptiser leurs enfants.

L'Église perd de son influence. Elle n'est plus la seule à se charger de l'enseignement ou de l'assistance aux malades. Elle est concurrencée par l'État. Au village, l'instituteur rend des services que rendait auparavant le curé. À partir de 1882, il n'y a plus de symboles religieux dans les écoles et bâtiments publics.

L'essor de l'instruction et de la presse

Au XIXe siècle, de plus en plus d'enfants se rendent à l'école et, en 1882, celle-ci devient obligatoire. Grâce à elle, les jeunes Français apprennent tous à lire et à écrire, à compter, et acquièrent des bases communes sur l'Histoire de France. L'analphabétisme (le fait de ne pas savoir lire et écrire) disparaît peu à peu.

Le prix des journaux diminue fortement et la lecture de la presse se développe beaucoup. Sous la IIIe République, les quatre grands quotidiens d'informations sont *Le Petit Parisien*, *Le Journal*, *Le Petit Journal*, *Le Matin*. Ils tirent chacun à plus d'un million d'exemplaires vers 1900, beaucoup plus que les quotidiens d'aujourd'hui ! Ils donnent les principales informations en insistant sur les faits divers (les crimes surtout), publient des feuilletons et accordent une plus grande importance aux rubriques sportives.

De nouveaux loisirs populaires

Grâce aux progrès de l'instruction et à la baisse du prix des livres, les Français lisent de plus en plus, surtout des romans.

Les habitants des villes se rendent fréquemment au café-concert, où l'on paie sa boisson tout en écoutant des chanteurs. Vers 1890, apparaît le music-hall qui est un vrai spectacle, avec des danseuses parfois dénudées.

Le cinéma, inventé en 1895 par les frères Lumière, connaît tout de suite un grand succès. Au début, les films sont courts et muets. Ils sont projetés dans les fêtes foraines ou les théâtres. Les premiers longs métrages et salles de cinéma apparaissent un peu plus tard. Vers 1900, on commence aussi à assister aux courses de bicyclettes, aux matchs de boxe et de football. Le premier tour de France à bicyclette a lieu en 1903.

Une classe d'école primaire à la fin du XIXe siècle

D'une guerre à l'autre

(1914-1945)

- La rivalité entre les nations européennes grandit à partir de la fin du XIXe siècle. En août 1914, c'est le déclenchement de la Première Guerre mondiale. Elle dure jusqu'en 1918 et marque profondément la société française.
- Dans les années 1920, la France connaît une période de prospérité. Mais dans les années 1930, elle est affaiblie par une grave crise économique et politique.
- En septembre 1939, le dictateur allemand Adolphe Hitler envahit la Pologne. C'est le début de la Seconde Guerre mondiale. La France est vaincue et occupée par les Allemands.

1931
Début de la crise économique

6 février 1934
Émeutes des ligues d'extrême droite

Été 1936
Premiers congés payés

Mai 1940
Attaque allemande

18 juin 1940
Appel de De Gaulle à la Résistance

22 juin 1940
Armistice

6 juin 1944
Débarquement anglo-américain

Régime de Vichy
PÉTAIN

Gouvernement de ***DE GAULLE***

1936 — 1938

Crise économique et politique | **FRONT POPULAIRE** | ***GUERRE DE 39-45***

sept. 1939 — 1942 — **mai 1945**

La guerre de 1914-1918

Au début du XXe siècle, la tension est de plus en plus forte entre les puissances européennes. En août 1914, c'est le déclenchement de la Première Guerre mondiale. Elle oppose les puissances centrales (Allemagne, Autriche-Hongrie) à l'Entente (France, Royaume-Uni, Russie, Serbie).

La guerre de mouvement

En août 1914, l'armée allemande envahit la Belgique neutre puis la France. Mais en septembre, le général français Joffre lance une contre-offensive sur la Marne et parvient à stopper l'invasion. C'est alors la « course à la mer », chaque armée essayant de déborder l'autre par l'Ouest.

Sur le front Est, l'armée russe pénètre en Allemagne mais elle est battue à Tannenberg. L'Allemagne et l'Autriche-Hongrie commencent à envahir la Russie.

La guerre de tranchées

Sur le front Ouest, à la fin de l'année 1914, les armées se fixent face à face dans des tranchées. Elles traversent tout l'est et le nord de la France. Les soldats essaient de s'emparer des tranchées ennemies mais, une fois prises, celles-ci sont vite reconquises.

En 1916, l'Allemagne décide alors de lancer une grande attaque à Verdun pour percer le front. Mais les Français, commandés par le général Pétain, parviennent à repousser les assaillants. Il y a 370 000 morts et blessés graves du côté français et presque autant du côté allemand. Les grandes offensives de la France et de l'Angleterre sur la Somme (1916) puis sur le Chemin des Dames (1917) sont aussi des échecs sanglants.

À la fin de 1914 et en 1915, l'Entente et les puissances centrales ont été rejointes par d'autres pays. De nouveaux fronts se sont ouverts en Europe et au Moyen-Orient.

La guerre de 1914 à 1917

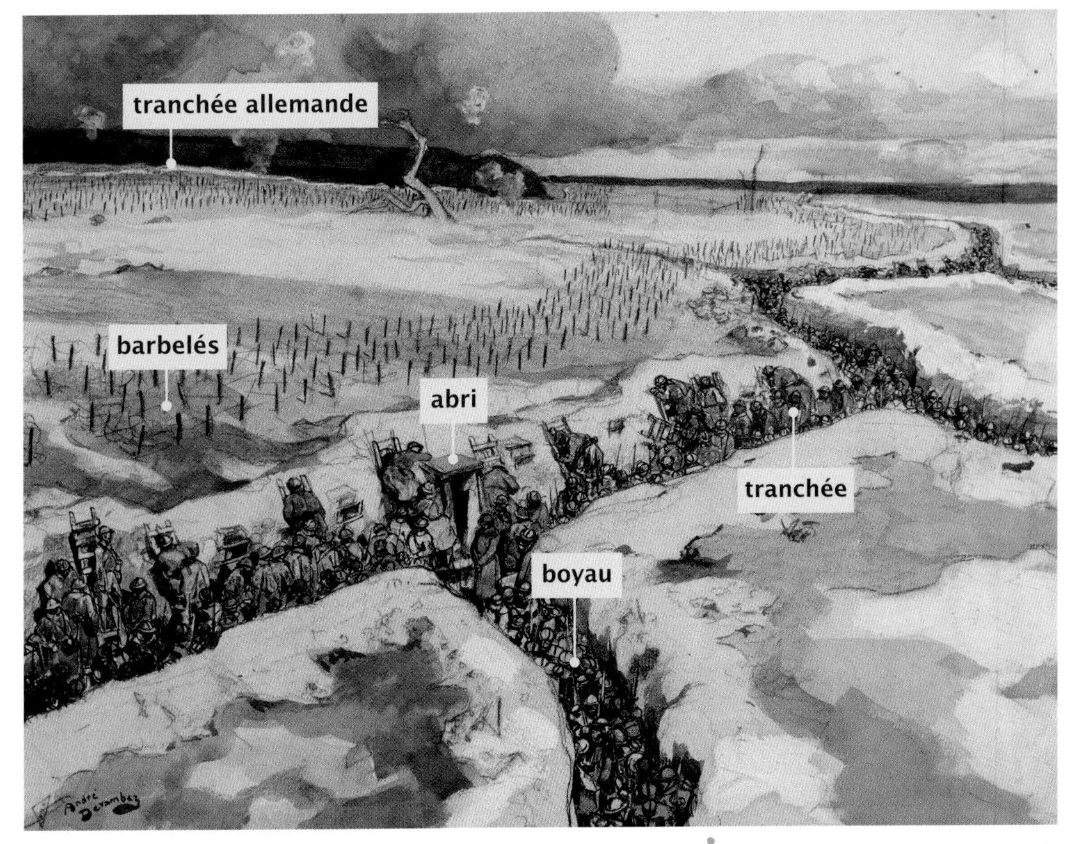

Les tranchées françaises avant un assaut

1917-1918 : la fin de la guerre

L'année 1917 est un tournant :
- en avril, les États-Unis entrent en guerre contre l'Allemagne et rejoignent les puissances de l'Entente ;
- en octobre, le parti bolchevik, dirigé par Lénine, s'empare du pouvoir en Russie ; deux mois plus tard, il signe l'armistice (l'arrêt des combats) avec l'Allemagne.

Les Allemands transportent sur le front français les troupes qui étaient en Russie. Plus nombreux, les soldats allemands passent les tranchées en mars 1918 et parviennent jusqu'à la Marne.

Mais les Français et les Anglais sont renforcés par l'arrivée de centaines de milliers de soldats américains et ils ont la supériorité des armes (tanks surtout). Le général français Foch, commandant en chef des armées alliées, lance la contre-offensive à partir de juillet. Les Allemands sont repoussés jusqu'à leurs frontières.

En Allemagne, une révolution chasse l'empereur et établit une République. Le 11 novembre 1918, le nouveau gouvernement allemand, qui comprend que tout est perdu, signe l'armistice à Rethondes près de Paris. C'est la fin de la guerre.

La bataille de Verdun (1916)

Les Allemands parviennent à avancer de plusieurs kilomètres et à prendre des forts français construits autour de la ville de Verdun. Mais grâce aux mesures du général Pétain, au renouvellement des hommes et au matériel de guerre, les Français reprennent une partie du territoire perdu. La bataille qui a duré presque un an a fait au total plus de 700 000 morts et blessés.

Une guerre totale

La Première Guerre mondiale est la première guerre totale. Cela signifie qu'elle mobilise les soldats sur le front, mais aussi les civils restés à l'arrière.

La violence extrême des combats

Les « poilus » (nom donné aux soldats français parce qu'ils sont mal rasés) disposent de fusils à baïonnette, de grenades et de nouvelles armes de plus en plus meurtrières : le lance-flammes, la mitrailleuse…

Les canons bombardent massivement les tranchées ennemies et font de très nombreux morts et blessés. Certains obus répandent un gaz mortel. C'est pourquoi les soldats disposent de masques à gaz.

Lorsqu'ils partent à l'assaut des tranchées ennemies, les poilus doivent échapper aux obus, aux mines placées sur le sol, aux tirs des soldats allemands. Ceux qui parviennent jusqu'aux tranchées doivent se battre à la baïonnette ou au couteau.

En dehors des combats, la vie quotidienne est très difficile. Il faut supporter la boue, l'humidité, le froid. La nourriture est souvent insuffisante. On peut rarement se laver et les poux et les rats pullulent.

Les soldats tiennent le coup grâce aux

Les poilus dans une tranchée
1. casque en acier
2. fusil Lebel à baïonnette
3. masque à gaz
4. uniforme bleu horizon
5. boîte du masque à gaz
6. cartouchière
7. brodequins

camarades, avec qui ils peuvent discuter, et aux lettres et colis qu'ils reçoivent de l'arrière. Parfois, ils partent en permission voir leurs familles ; mais ils se sentent souvent incompris par les civils.
En 1917, une grande lassitude s'installe au front. Les poilus en ont assez de ce conflit interminable où la mort est presque certaine ! Des troupes refusent de partir au combat : ce sont des mutineries. Mais les meneurs sont lourdement condamnés, parfois fusillés et les mutineries s'arrêtent.

L'arrière pendant la guerre

Pour gagner la guerre, le gouvernement commande aux industriels des quantités de canons, d'obus, de tanks. L'industrie se reconvertit à la production d'armes. Pour financer ses achats, l'État emprunte de l'argent à la population.
Dans les usines, les femmes remplacent les hommes partis au combat. Elles obtiennent pour la première fois des postes à responsabilité. L'État fait venir des Maghrébins, des Africains, des Vietnamiens des colonies pour les envoyer au front, ou les employer dans les usines.
Les civils souffrent de la guerre. Ils pleurent la mort de leurs proches ou attendent de leurs nouvelles dans l'angoisse. Les hommes ne sont plus là. Il n'y a pas assez de nourriture et les prix augmentent fortement.
Afin que l'arrière garde le moral, le gouvernement cherche à répandre l'idée que tout se passe bien au front. Les communiqués militaires sont toujours rassurants. Les lettres du front sont contrôlées pour que les mauvaises nouvelles ne se répandent pas. Les journaux mentent. C'est la propagande de guerre. Les soldats, qui connaissent la vérité, appellent cela le « bourrage de crâne ».
En 1917, la vie chère et la dureté du travail dans les usines entraînent des grèves et des manifestations. Mais Clemenceau, devenu président du Conseil rétablit l'ordre.

La fabrication d'obus par des femmes
Les femmes qui travaillent dans les usines d'armement sont appelées « munitionnettes ».

La correspondance avec l'arrière
Les poilus écrivent souvent, mais leurs lettres sont contrôlées et censurées.

1919 1930

La France des années 1920

Après la guerre, la France connaît encore quelques années difficiles. Puis vient une période de prospérité qu'on appelle les « années folles ».

Le traité de Versailles

En 1919, les puissances victorieuses se réunissent à Paris et rédigent les traités de paix que doivent signer les pays vaincus.

L'Allemagne signe le traité de Versailles en juin 1919. Elle cède des territoires à la Pologne et rend l'Alsace-Lorraine à la France. On lui confisque ses colonies. Son armée est fortement réduite et il lui est interdit de produire des tanks et des avions de guerre. La région du Rhin est démilitarisée (il ne peut plus y avoir de soldats allemands) et occupée par les Français pendant une durée indéterminée. Enfin, considérée comme responsable de la guerre, l'Allemagne doit verser à la France et à d'autres pays de très lourdes indemnités de guerre, les « réparations ».

Les Allemands trouvent ce traité très injuste.

1919-1920 : les difficultés de l'après-guerre

En France, la guerre a fait 1,35 million de tués et 3,5 millions de blessés parmi les soldats. Les régions du Nord et de l'Est où ont eu lieu les combats sont en ruine. On rencontre beaucoup de veuves, habillées en noir, et d'invalides de guerre.

En 1919 et 1920, comme pendant le conflit, on manque de tout et les prix continuent d'augmenter.

Mécontents de leur situation, les ouvriers et les cheminots – les employés

La signature du traité de Versailles

Le représentant de l'Allemagne signe le traité de Versailles en juin 1919 dans la galerie des Glaces du château de Versailles. En face de lui, siègent Clemenceau, le président du Conseil français ❶, le président américain Wilson ❷, le Premier ministre anglais Lloyd George ❸ et le président du Conseil italien Orlando ❹.

du chemin de fer – se mettent en grève. Les manifestations se multiplient. Pour mettre fin aux grèves, le gouvernement utilise la manière forte : il révoque 22 000 cheminots d'un coup !
En 1920, des socialistes quittent le parti socialiste (la SFIO) pour créer le parti communiste français (PCF). Le PCF prend modèle sur le parti bolchevik qui s'est emparé du pouvoir en Russie en 1917. Il veut une révolution qui supprimerait la propriété privée et établirait l'égalité totale entre les personnes.

Les « années folles »

Mais à partir de 1920, la situation s'améliore. Comme les États-Unis et d'autres pays d'Europe, la France entre dans une période de prospérité.
Les industries nouvelles, nées avant la guerre, se développent : les industries chimique, électrique (produits électriques, électroménager), automobile, aéronautique (avions)...
Le temps est à l'optimisme. Les salaires augmentent et le chômage est inexistant. Dans les villes, les femmes sortent davantage seules. Elles portent des cheveux courts et des jupes moins longues. Elles sont plus libres qu'avant la guerre ! Les salles de cinéma se multiplient. On y diffuse des films muets français ou américains comme ceux de Charlie Chaplin, puis les premiers films parlants. Les Français commencent à écouter la radio, qui connaîtra son vrai développement dans les années 1930.
Mais le souvenir de la guerre reste vif parmi les anciens combattants. Ils se regroupent dans diverses associations. Certains adhèrent aux ligues, des organisations politiques d'extrême droite. Il y a l'Action française, le Faisceau, les Jeunesses patriotes, les Croix de feu... Les ligues haïssent la République parlementaire, sont anticommunistes et ont de la haine pour les étrangers et les Juifs.

Les femmes des « années folles »
Dans les villes, certaines femmes abandonnent les lourdes robes et les chignons pour des robes plus souples et plus courtes, et de nouvelles coupes de cheveux. On les appelle les « garçonnes ».

un cul-de-jatte

une gueule cassée

un manchot

Les invalides de guerre
Pendant la guerre, les éclats d'obus ont arraché des bras, des jambes, des morceaux du visage.

1930 1939

Les années 1930

Au début des années 1930, la France connaît une grave crise économique et politique. De 1936 à 1938, le Front populaire engage de grandes réformes favorables aux travailleurs. Mais la guerre menace de nouveau.

La crise des années 1930

Au début des années 1930, des mines et des usines ferment. Des ouvriers perdent leur travail et le chômage augmente. Les paysans ont du mal à vendre leurs produits agricoles.

Les gouvernements ne parviennent pas à résoudre la crise. Ils changent régulièrement sans avoir vraiment le temps de gouverner. Dans cette atmosphère, les ligues d'extrême droite s'agitent. Le 6 février 1934, elles organisent une grande manifestation contre la République parlementaire qui tourne à l'émeute : les heurts avec la police sur la place de la Concorde font quinze morts et des centaines de blessés.

Pour la gauche, très opposée aux ligues, celles-ci ont cherché à renverser la République. Il faut réagir ! Les trois grands partis de gauche – le parti communiste (le PCF), le parti socialiste (la SFIO) et les radicaux – se rapprochent et forment le Front populaire. Ils disent qu'ils gouverneront ensemble s'ils gagnent les élections et ils rédigent un programme commun de gouvernement.

Le Front populaire (1936-1938)

En mai 1936, le Front populaire gagne les élections à la chambre des députés. Léon Blum, dirigeant de la SFIO, devient président du Conseil, c'est-à-dire chef du gouvernement. Les ouvriers et les employés sont contents. Pourtant, ils se mettent en grève dans toute la France et ils occupent les usines. Ils craignent que les patrons empêchent le gouvernement de faire les réformes qu'ils attendent.

L'émeute du 6 février 1934

Les manifestants des ligues se heurtent à la police à cheval place de la Concorde. Des coups de feu partent. Il y a des morts et de nombreux blessés.

Le départ pour les congés payés

Grâce aux premiers congés payés, des dizaines de milliers de salariés partent en vacances pour la première fois ! Beaucoup se rendent chez leurs parents. D'autres vont planter leurs tentes à la campagne ou sur le bord de mer. La plupart partent en train ou à vélo.

Dès le mois de juin 1936, le gouvernement du Front populaire réalise de grandes réformes : augmentation des salaires, création des délégués du personnel dans les entreprises, premiers congés payés (15 jours), limitation de la semaine de travail à 40 heures. Ces mesures satisfont les travailleurs et les grèves prennent fin.

Le Front populaire apporte d'autres nouveautés. Pour la première fois, il y a des femmes au gouvernement, alors qu'elles n'ont pas encore le droit de vote ! Le gouvernement développe les « auberges de jeunesse » pour les jeunes qui voyagent, et il crée des billets de train à tarif réduit pour les congés payés. Il cherche à étendre la pratique du sport. Il essaie aussi de développer la culture pour tous en apportant une aide financière aux théâtres et en facilitant les visites de musées. Enfin, il encourage la recherche scientifique.

Dès l'été 1936, les ouvriers perçoivent l'effet des réformes : beaucoup partent en vacances pour la première fois !

Mais des tensions se font jour entre les trois partis du Front populaire. En 1938, les radicaux quittent le gouvernement, ce qui met fin à l'expérience du Front populaire. Daladier, soutenu par les radicaux et la droite, devient président du Conseil.

La menace allemande

En 1933, Hitler est parvenu au pouvoir en Allemagne. Il y a installé sa dictature. Aussitôt, il fait fabriquer des quantités d'armes, des tanks, des avions, en violation du traité de Versailles. En 1936, son armée se réinstalle en Rhénanie. En 1938, il annexe l'Autriche puis attaque la Tchécoslovaquie. Daladier, conscient du danger allemand, donne la priorité au réarmement. Mais l'Allemagne est déjà trop puissante.

Léon Blum (1872-1950)

Léon Blum s'engage assez tôt à la SFIO dont il devient le dirigeant incontesté en 1920. De juin 1936 à juin 1937 puis de mars à avril 1938, il est le chef du gouvernement du Front populaire.

1940 : la France envahie

Le 1er septembre 1939, l'Allemagne attaque la Pologne. Aussitôt, la France et l'Angleterre lui déclarent la guerre. C'est le début de la Seconde Guerre mondiale.

L'Allemagne envahit la France

En septembre 1939, l'Allemagne envahit la Pologne et l'écrase en moins de quatre semaines.
Les armées française et anglaise restent massées en France derrière la frontière belge et derrière les fortifications de la ligne Maginot, construites le long de la frontière allemande. Mais les Allemands n'attaquent pas et, pendant huit mois, les Français et les Anglais les attendent. C'est la « drôle de guerre ».
La Wehrmacht, l'armée allemande, se rue vers l'ouest en mai 1940 avec ses avions et ses tanks. Elle entre en France en passant par la Belgique et en même temps par la petite montagne des Ardennes. Prenant l'armée française en tenailles, elle fait des centaines de milliers de prisonniers parmi les soldats français. Puis, elle avance rapidement vers le sud. C'est la panique ! Des millions de civils fuient à pied, en charrette, en voiture, souvent bombardés ou mitraillés par les avions allemands. Cette fuite sur les routes est appelée « l'exode ».

L'invasion allemande

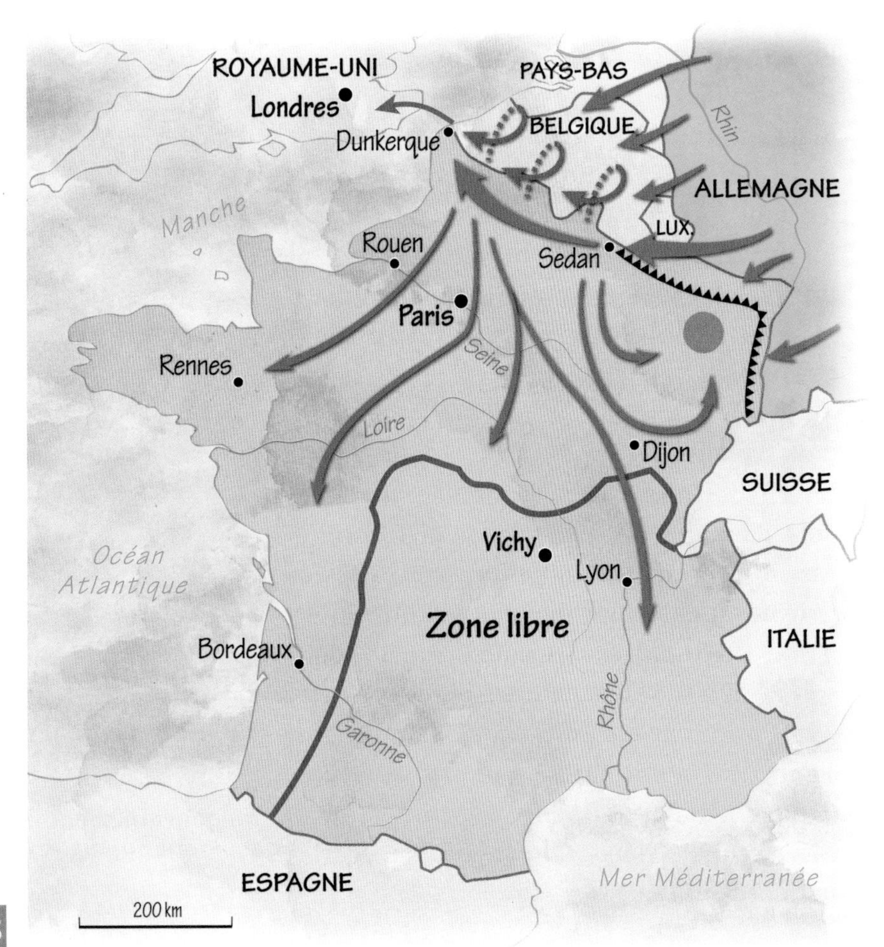

L'armistice avec l'Allemagne

Le maréchal Pétain est très populaire à cette époque parce qu'il a été le défenseur de Verdun pendant la Première Guerre mondiale. Le 16 juin 1940, les députés le nomment chef du gouvernement. Estimant que la France a perdu la guerre, Pétain demande l'armistice à l'Allemagne. Il est signé le 22 juin à Rethondes, dans la forêt de Compiègne, là même où le gouvernement allemand l'avait signé le 11 novembre 1918.

Les conditions de l'armistice sont très dures. L'Allemagne s'empare de nouveau de l'Alsace et du nord de la Lorraine. La France est divisée en une zone occupée par les Allemands qui comprend le nord et l'ouest du pays et une zone libre au sud. Les prisonniers de guerre français, qui sont près de deux millions, restent en captivité en Allemagne. Enfin la France doit entretenir les troupes d'occupation allemandes et verser pour cela de grosses sommes d'argent à l'Allemagne. Hitler se venge du traité de Versailles ! La France garde néanmoins ses colonies et son gouvernement.

La fin de la République

Pétain s'installe à Vichy, dans la zone libre. La grande majorité des Français accepte l'armistice qui met fin à la guerre et à l'exode. Elle a confiance dans Pétain. Le 10 juillet, profitant de sa popularité, Pétain obtient des députés et des sénateurs le droit de modifier la Constitution. Le lendemain, le 11 juillet, il décrète que tous les pouvoirs appartiendront au chef de l'État français, c'est-à-dire à lui-même ! C'est désormais lui seul qui gouverne et fait les lois avec l'aide des ministres qu'il choisit. L'État français ou « régime de Vichy » remplace la République.

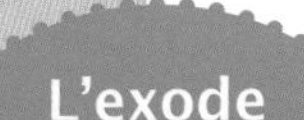

L'exode
Les habitants de la Belgique et du nord de la France fuient devant l'avancée des troupes allemandes, en mai et juin 1940.

Philippe Pétain (1856-1951)
Philippe Pétain est très populaire pour avoir dirigé avec succès la défense de Verdun en 1916. En juin 1940, alors que la France est envahie par l'Allemagne, les députés le nomment président du Conseil. Une fois au pouvoir, Pétain demande l'armistice et installe le régime de Vichy.

La France sous l'Occupation

En 1940, Pétain met en place le régime de Vichy et engage la collaboration avec l'Allemagne. Dans la France occupée, la vie des Français devient de plus en plus difficile au fil des années.

Une affiche du régime de Vichy en 1942

La devise « Travail, Famille, Patrie » remplace celle de la République (« Liberté, Égalité, Fraternité »).

Le régime de Vichy

Pétain a installé une dictature où il décide de tout, secondé par un vice-président, Pierre Laval. Les élections sont supprimées, la radio et la presse sont censurées. Un culte se développe autour de la personne de Pétain : on célèbre ses mérites et son portrait est partout. Les organisations de jeunesse et les associations d'anciens combattants se mettent à son service. Dans les écoles, on chante « Maréchal nous voilà ! », une chanson à sa gloire.

Pétain défend les valeurs d'une ancienne France : l'artisanat, le travail de la terre, la famille traditionnelle, la religion catholique. Il prend des mesures contre tous ceux qu'il considère comme non-Français, en particulier les Juifs : en octobre 1940, le statut des Juifs leur interdit de nombreuses professions, dont l'enseignement et le journalisme. L'État retire aussi la nationalité française à certains étrangers qui l'avaient obtenue.

La collaboration avec l'Allemagne

Poussé par Laval, Pétain rencontre Hitler à Montoire en octobre 1940. La poignée de main entre les deux hommes engage la France dans la collaboration avec l'Allemagne. L'État français aide les Allemands à arrêter les Juifs dans la zone occupée. Il livre aussi à l'Allemagne des Juifs qui vivent dans la zone libre.

Après l'invasion de la zone sud par les Allemands, en novembre 1942, les partisans d'une collaboration plus forte entrent au gouvernement. Le Service du travail obligatoire (STO) oblige les jeunes hommes français à aller travailler en Allemagne. Le gouvernement crée la Milice pour combattre les résistants et traquer les Juifs.

La rafle du Vel d'Hiv

En juillet 1942, les Allemands décident une grande arrestation de Juifs à Paris. Le régime de Vichy mobilise la police française pour participer à l'opération. Le 17 juillet, 13 152 Juifs dont plus de 4 000 enfants sont arrêtés à Paris et en banlieue. Ils sont conduits dans le vélodrome d'hiver puis dans le camp de Drancy, en région parisienne, avant d'être déportés vers le camp d'extermination d'Auschwitz en Pologne. Il y aura moins de cent survivants dont aucun enfant.

La vie sous l'Occupation

Un des principaux soucis des Français est le manque de nourriture et de produits courants. Il faut faire ses achats avec des tickets de rationnement qui sont limités. Pour manger correctement, certains achètent illégalement de la nourriture au marché noir à des prix très élevés.

La vie devient de plus en plus difficile à partir de 1943. Les Allemands prennent des otages dans la population, et ils les exécutent en représailles à des actions de la Résistance. En 1944, les Anglais et les Américains bombardent les installations militaires et les gares des villes et font de nombreux morts parmi les civils.

La situation des Juifs est dramatique. Une fois arrêtés, ils sont déportés par les Allemands dans les camps d'extermination d'Auschwitz et de Treblinka situés en Pologne. La plupart y sont tués dans des chambres à gaz. Sur 75 000 Juifs de France déportés, il n'y aura que 2 500 survivants.

Une queue pour l'achat de légumes

À la fin de la guerre, on manque de tout. Pour avoir une chance de s'approvisionner, il faut être parmi les premiers arrivés aux magasins, d'où les immenses queues où l'on attend parfois plusieurs heures.

De Gaulle et la Résistance

Dès 1940, une minorité de Français s'oppose à l'occupation allemande et au régime de Vichy. Ce sont les résistants. De Gaulle, qui a rejoint Londres, parvient à prendre la tête de la Résistance.

Charles de Gaulle (1890-1970)

Charles de Gaulle, né à Lille, est un officier de carrière. Il participe à la Première Guerre mondiale. En 1940, il commande une division de tanks et remporte un des rares succès français. Mais quand Pétain s'apprête à signer l'armistice, il gagne Londres où il lance à la radio (la BBC) son célèbre appel à la résistance le 18 juin 1940. Durant la guerre, il va s'imposer comme le chef incontesté de la Résistance. À la Libération, il devient chef du gouvernement.

Les résistants de l'intérieur

En 1940, les résistants sont partagés en de nombreux mouvements : *Libération Sud, Libération Nord, Combat, Franc-tireur*… Ils publient des tracts et des journaux clandestins contre Vichy et l'occupant, donnent des renseignements aux Anglais ou secourent des aviateurs. En 1941, les communistes entrent dans la Résistance et commettent des attentats contre les Allemands. À partir de 1943, des jeunes fuyant le Service du travail obligatoire en Allemagne se réfugient dans des zones peu peuplées où ils forment de petites armées qu'on appelle les « maquis ».

Quand les résistants sont arrêtés, la police politique allemande, la Gestapo, les torture afin d'obtenir d'eux des renseignements. Puis ils sont fusillés ou envoyés dans les camps de concentration allemands où les chances de survie sont faibles. Pour éviter d'être trahis et capturés, ils cachent leur identité sous de faux noms et changent fréquemment de logement.

Les résistants sont peu nombreux. Mais d'autres Français résistent à leur manière en aidant les résistants, en cachant des Juifs, ou simplement en écoutant la radio de Londres, la BBC.

De Gaulle prend la tête de la Résistance

Refusant l'armistice, le général de Gaulle quitte la France pour l'Angleterre. Le 18 juin 1940, il lance à la radio anglaise (la BBC) un appel à la Résistance qui restera très célèbre sous le nom d'« appel du 18 juin ». Il recrute en Angleterre une petite armée de Français, les Forces françaises libres (FFL), pour continuer le combat contre les Allemands au côté des Alliés.

Puis il envoie Jean Moulin en France pour unifier la Résistance intérieure et la placer sous son autorité.

Jean Moulin entre en contact avec les chefs de la Résistance et, en 1943, il tient la première réunion du Conseil national

de la Résistance (CNR) qui comprend des délégués de tous les mouvements. Le CNR reconnaît de Gaulle comme le vrai chef de la Résistance.
Mais Jean Moulin est capturé et torturé par Klaus Barbie, le chef de la Gestapo de Lyon. Il meurt de ses blessures, sans avoir parlé, dans le train qui le conduit en Allemagne.

La Libération de la France

Le 6 juin 1944, les Alliés - Anglais et Américains - débarquent en Normandie et en août en Provence. Ils libèrent le territoire français. Ils sont aidés par les résistants de l'intérieur qui harcèlent les troupes allemandes et sabotent les voies ferrées. En août, Paris est libérée par les Parisiens et la division FFL du général Leclerc qui a rejoint la capitale. Le 26 août, le général de Gaulle descend triomphalement les Champs-Élysées.
La République est rétablie. De Gaulle prend la tête d'un gouvernement provisoire formé de résistants. Il envoie des représentants en province, qui ramènent l'ordre. Laval, condamné à mort, est fusillé. Pétain est gracié par de Gaulle, en raison de son âge, et emprisonné à l'île d'Yeu.

Paris à la Libération
Le 26 août 1944, de Gaulle descend les Champs-Élysées. Il est acclamé par la foule des Parisiens que l'on voit ici.

Un déraillement provoqué par la Résistance (juin 1944)
En juin 1944, les actions de sabotage des moyens de transport se multiplient. Il s'agit d'empêcher les troupes allemandes de rejoindre le front de Normandie ou d'y envoyer du matériel.

Le débarquement en Normandie

Pour libérer l'Europe de l'occupation allemande, les Alliés – Américains, Anglais et Canadiens – choisissent de débarquer en Normandie. Le 6 juin 1944, c'est le jour J. Plus de 5 000 navires de transport et de guerre en provenance d'Angleterre abordent la côte. Des avions et des navires bombardent les défenses allemandes et les soldats débarquent ensuite sur cinq plages désignées par des noms anglais : les Américains à Utah Beach et Omaha Beach, les Britanniques et les Canadiens à Gold Beach, Juno Beach et Sword Beach. Les plages sont prises rapidement, sauf Omaha Beach où les soldats américains sont accueillis par des tirs intenses. Le jour même, les Alliés commencent à débarquer des quantités d'hommes et de matériels. La libération de la France a commencé.

Omaha Beach, le jour J (6 juin 1944)

Omaha Beach, après le débarquement.

La France depuis 1945

(1945 à aujourd'hui)

- Après la guerre, deux Républiques se succèdent : la IVe République (1946-1958) puis la Ve République (depuis 1958).
- La France connaît une forte croissance économique jusqu'en 1973. Le niveau de vie augmente beaucoup. Ce sont les Trente Glorieuses. Mais après, la croissance est moindre et le chômage est important.
- Les mœurs évoluent et la famille se transforme. Les nouvelles technologies de l'information et de la communication changent la société.
- La France participe à la construction européenne. Elle est de plus en plus ouverte sur le monde.

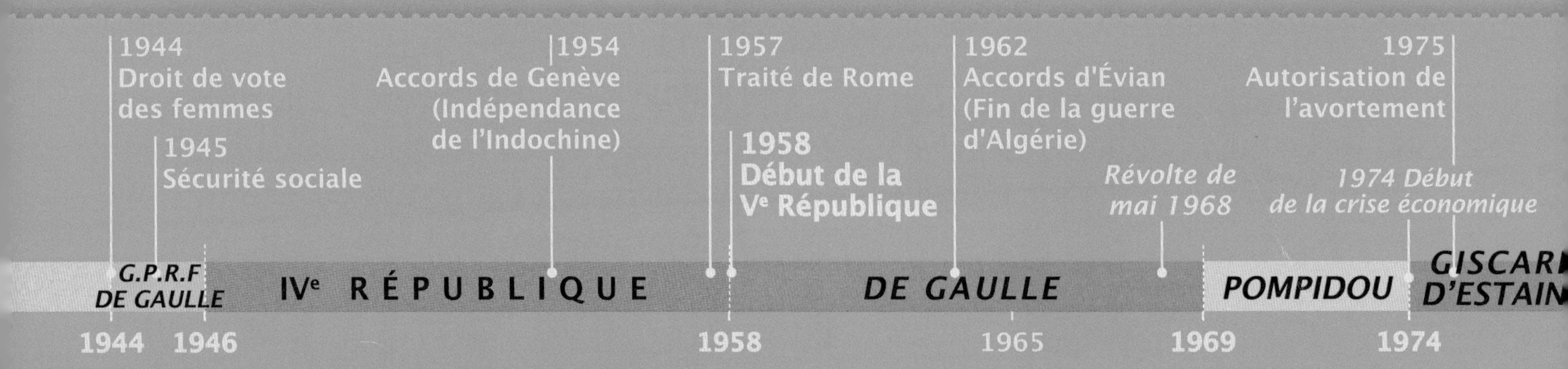

FINLANDE
SUÈDE
ESTONIE
LETTONIE
LITUANIE
Mer du Nord
DANEMARK
IRLANDE
ROYAUME-UNI
PAYS-BAS
ALLEMAGNE
POLOGNE
BELGIQUE
RÉP. TCHÈQUE
LUXEMBOURG
SLOVAQUIE
Océan Atlantique
AUTRICHE
HONGRIE
FRANCE
SLOVÉNIE
ROUMANIE
CROATIE
BULGARIE
PORTUGAL
ITALIE
ESPAGNE
GRÈCE
Mer Méditerranée
200 km
MALTE

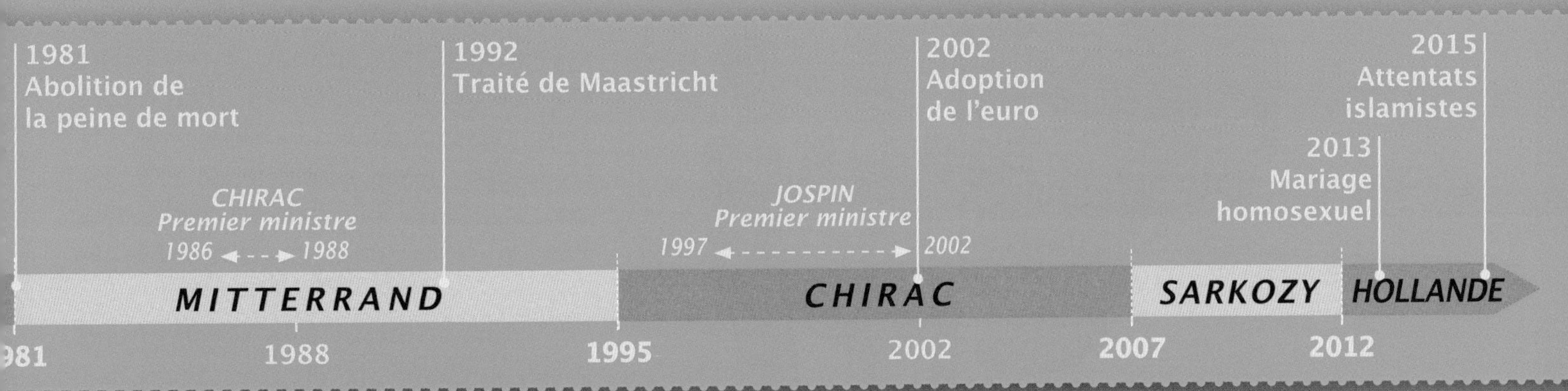
1981
Abolition de la peine de mort
1992
Traité de Maastricht
2002
Adoption de l'euro
2015
Attentats islamistes
2013
Mariage homosexuel
CHIRAC
Premier ministre
1986 1988
JOSPIN
Premier ministre
1997 2002
MITTERRAND
CHIRAC
SARKOZY
HOLLANDE
1981
1988
1995
2002
2007
2012

La IVe République

En août 1944, à la Libération, la République est rétablie. De Gaulle prend la tête du gouvernement républicain. La IVe République est instaurée en 1946 et dure jusqu'en 1958.

Le gouvernement provisoire

Le GPRF (Gouvernement provisoire de la République française) dirigé par de Gaulle est composé de résistants de tous bords politiques. Une de ses premières décisions est de donner le droit de vote aux femmes (1944).

En 1945, le gouvernement crée la Sécurité sociale, qui rembourse les dépenses de santé et verse des pensions aux retraités. Il nationalise le transport aérien (création d'Air France), l'énergie (création d'EDF-GDF), les grandes banques et Renault, une entreprise qui a produit des armes pour l'Allemagne pendant la guerre.

Le vote des femmes

Les femmes obtiennent le droit de vote en 1944. Mais elles votent pour la première fois en 1945, à des élections municipales (pour élire les conseils municipaux qui dirigent les mairies) puis nationales.

Une Assemblée nationale rédige une nouvelle Constitution qui est adoptée en 1946. Elle donne naissance à la IVe République. De Gaulle, qui n'est pas d'accord avec les orientations de cette Constitution, quitte le gouvernement.

L'œuvre de la IVe République

En 1947, le gouvernement accepte l'aide financière des États-Unis (le plan Marshall). La France devient ensuite alliée des États-Unis dans le cadre de l'Alliance atlantique et membre de l'OTAN, une organisation militaire sous commandement américain.

Les gouvernements de la IVe République changent très fréquemment. Mais cela n'empêche pas le pays de se transformer.

La production industrielle augmente beaucoup. C'est le début des « Trente Glorieuses », une période de prospérité qui va durer jusqu'en 1974. L'État réalise de grands équipements : barrages hydroélectriques pour produire de l'électricité, premières autoroutes, pont de Tancarville sur la Seine, électrification des voies ferrées.

Les gouvernements font des réformes pour améliorer la vie des Français : ils créent le salaire minimum (le SMIG)

L'amélioration des chemins de fer

En 1954, des mannequins du couturier Pierre Balmain posent devant la locomotive électrique française qui vient de battre le record du monde de vitesse.

et la troisième semaine de congés payés. En 1957, la France fonde, avec l'Allemagne et d'autres pays européens, la Communauté économique européenne (la CEE), l'ancêtre de l'Union européenne actuelle.

Le début de la décolonisation

En 1945, le leader Hô Chi Minh proclame l'indépendance du Vietnam. Après plusieurs années de guerre contre l'armée française, il remporte une grande bataille à Diên Biên Phu dans le nord du Vietnam. Peu après, en juillet 1954, le gouvernement français, dirigé par Pierre Mendès France, signe les accords de Genève qui reconnaissent l'indépendance de toute l'Indochine (Vietnam du Nord, Vietnam du Sud, Cambodge, Laos).

Une autre guerre d'indépendance commence : le 1er novembre 1954, le Front de libération nationale (FLN) commet une série d'attentats et annonce qu'il se battra jusqu'à l'indépendance de l'Algérie. Mais pour le gouvernement français, il n'en est pas question : « l'Algérie, c'est la France ». La guerre s'étend et devient de plus en plus violente. En juin 1958, les députés de l'Assemblée nationale investissent de Gaulle chef du gouvernement parce qu'ils le pensent le plus capable de résoudre la crise.

Pierre Mendès France

Pierre Mendès France est président du Conseil (chef du gouvernement) en 1954 et 1955. En juillet 1954, il signe les accords de Genève mettant fin à la guerre d'Indochine. Puis il prépare l'indépendance du Maroc et de la Tunisie qui sera réalisée en 1956, après son départ. Sa façon de gouverner, pleine d'autorité, a marqué les gens de son époque.

La guerre d'Algérie

Depuis le XIXe siècle, l'Algérie est une colonie française. En 1954, elle est peuplée de neuf millions d'Algériens et de près d'un million d'Européens, essentiellement français.

Le déclenchement de la guerre : 1954

Le 30 octobre 1954, le Front de libération nationale (le FLN) commet une série d'attentats et revendique l'indépendance de l'Algérie.

En août 1955, il tue des colons français dans la région de Constantine. Pour se venger, les Français massacrent à leur tour de nombreux Algériens, qui n'ont souvent aucun lien avec le FLN. Ces violences aveugles dressent Algériens et Français les uns contre les autres.

Le gouvernement français utilise l'armée de métier pour combattre le FLN. Il envoie aussi de nombreux jeunes Français faire leur service militaire en Algérie.

La violence s'intensifie

À partir de 1956, le FLN s'installe dans les villes où il fait exploser des bombes dans les bars et les stades. À Alger, l'armée française, dirigée par le général Massu, quadrille la ville et utilise la torture pour obtenir des informations ; elle arrête les membres du FLN et parvient à rétablir l'ordre. C'est la bataille d'Alger. Mais en France, la presse dénonce l'usage de la torture, une pratique barbare et illégale.

Dans les campagnes, l'armée française pourchasse les combattants du FLN avec des auxiliaires algériens.

Par ailleurs, elle regroupe les paysans dans de vastes campements gardés, pour les empêcher d'être en contact avec le FLN et de le ravitailler.

Elle dresse aussi des clôtures électrifiées aux frontières du Maroc et de la Tunisie pour couper le FLN des bases militaires qu'il y a installées.

En 1958, la guerre semble tourner à l'avantage de l'armée française. Mais la France est très critiquée par l'ONU et les États-Unis, alors que les Algé-

Les parachutistes français et un prisonnier algérien

Les parachutistes français – qui appartiennent à l'armée de métier – exposent leur prisonnier, les armes qu'ils ont trouvées, et le drapeau des indépendantistes algériens.

riens sont de plus en plus favorables à l'indépendance.

Vers l'indépendance

En juin 1958, de Gaulle revient au pouvoir. Après quelques mois d'hésitation, il décide de négocier avec le FLN.

Les Français d'Algérie se sentent trahis. Ils veulent que l'Algérie reste française. Parmi eux, certains rejoignent une organisation armée, l'Organisation de l'armée secrète (l'OAS). En Algérie, l'OAS commet des attentats et assassine des Algériens et des Français partisans des négociations.

La France est de plus en plus concernée par le conflit ; l'OAS y fait dérailler un train alors que les manifestations pour l'indépendance se multiplient.

Les négociations durent plus de deux ans. En mars 1962, le gouvernement français signe avec le FLN les accords d'Évian qui reconnaissent l'indépendance de l'Algérie. Elle est proclamée en juillet à la suite d'un référendum qui a lieu en France et dans la colonie.

Un bilan dramatique

Après les accords d'Évian, près de 800 000 Français, qu'on appellera désormais les « pieds noirs », quittent l'Algérie pour la France. Pour eux, c'est un déchirement.

Les harkis – les Algériens engagés auprès de l'armée française – rejoignent la France quand ils le peuvent. Ceux qui restent en Algérie sont arrêtés et parfois massacrés.

La guerre a duré huit ans et a été très meurtrière. Elle a fait entre 300 et 500 000 morts du côté algérien et environ 30 000 du côté français.

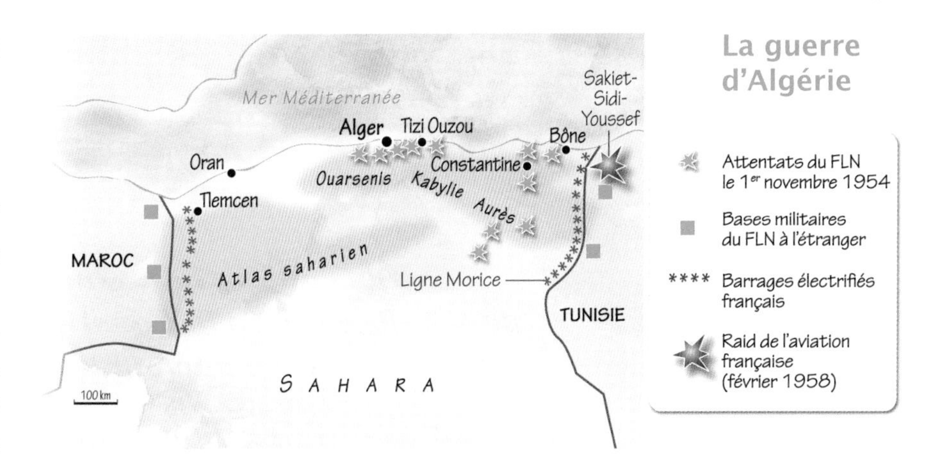

La guerre d'Algérie

L'arrivée des « pieds noirs » à Marseille

Les Français d'Algérie, ou les « pieds noirs », quittent en masse l'Algérie après les accords d'Évian, en 1962. Ils partent en bateau avec tous leurs bagages et arrivent à Marseille.

1958 1969 2000

De Gaulle et la Ve République

Devenu chef du gouvernement en juin 1958, de Gaulle change la Constitution et crée la Ve République. Il en devient le premier président.

Le général de Gaulle fonde la Ve République

De Gaulle n'aime pas la IVe République. Il voudrait que le président de la République ait plus de pouvoirs. En 1958, il fait donc préparer une nouvelle Constitution qui est promulguée en octobre à la suite d'un référendum.

Dans cette Constitution, le président de la République choisit le Premier ministre ; il peut renvoyer l'Assemblée nationale et organiser de nouvelles élections de députés ; il peut aussi demander l'avis du peuple par référendum (en lui posant une question à laquelle il faut répondre par oui ou par non) ; enfin, il est chef de l'armée et responsable de l'indépendance du pays.

La Constitution donne naissance à la Ve République. De Gaulle en devient le premier président. En 1962, il propose aux Français que le président de la République soit désormais élu par les citoyens au suffrage universel. Ce changement est approuvé par un nouveau référendum.

De Gaulle pendant un « bain de foule »

De Gaulle aime avoir un rapport direct avec les Français. Au cours de chacun de ses nombreux voyages en province, il prononce un discours, puis il se mêle à la population et serre les mains.

La décolonisation

En 1958, de Gaulle ne semble pas avoir de politique bien définie concernant l'Algérie. Mais il comprend que la guerre donne une mauvaise image de la France dans le monde et qu'il faut y mettre fin. Il commence donc à négocier avec le FLN, malgré les oppositions. En 1962, le gouvernement signe les accords d'Évian qui reconnaissent l'indépendance de l'Algérie.

Peu de temps avant, en 1960, la France a accordé l'indépendance à ses colonies d'Afrique noire (ou subsaharienne). Mais elle conserve des liens d'amitié et de coopération culturelle, technique, militaire avec les nouveaux États africains.

La « politique de grandeur »

De Gaulle veut refaire de la France une grande puissance. Il fait fabriquer l'arme nucléaire (1960) dans le but de dissuader toute attaque ennemie.
La France reste une alliée des États-Unis, mais une alliée critique. De Gaulle dénonce la guerre que mènent les États-Unis au Vietnam. Il retire la France de l'OTAN. Il reconnaît enfin l'existence légale de la Chine communiste, contre l'avis des Américains.

La crise de mai 1968

En 1965, les citoyens se rendent aux urnes pour élire le nouveau président de la République. De Gaulle l'emporte au deuxième tour contre le candidat de la gauche, François Mitterrand.
La France est prospère et les Français semblent heureux. Mais pourtant, en mai 1968, c'est la révolte. Les étudiants occupent les universités et construisent des barricades à Paris dans le Quartier latin pour réclamer plus de libertés. Les ouvriers et les employés se mettent en grève, revendiquant de meilleures conditions de travail. Des personnalités politiques, comme François Mitterrand, demandent le départ de De Gaulle.
Le 30 juin, les « gaullistes » organisent une grande manifestation de soutien à de Gaulle. Le calme revient et le travail reprend. Mais de Gaulle n'est plus aussi populaire qu'avant. En 1969, à la suite d'un référendum sur les régions, où le «non » l'emporte, il décide de démissionner.

L'élection du président au suffrage universel en 1965

Premier tour	Second tour
Charles de Gaulle **44,6 %**	Charles de Gaulle **55,2 %**
François Mitterrand 31,7 %	François Mitterrand 44,8 %
Jean Lecanuet 15,5 %	
Jean-Louis Tixier-Vignancour 5,2 %	
Pierre Marcilhacy 1,7 %	
Marcel Barbu 1,1 %	

La révolte de mai 1968

Des étudiants se heurtent aux CRS (Compagnies républicaines de sécurité) dans le Quartier latin à Paris.

Les Trente Glorieuses

De 1945 à 1974, la France connaît une période de prospérité. La société se transforme. Ces années sont appelées « les Trente Glorieuses ».

Le baby-boom

En 1944 et 1945, les prisonniers de guerre rentrent en France. Les couples sont très contents de se retrouver et il y a beaucoup de naissances. Jusqu'à la fin des années 1960, une femme a en moyenne trois enfants. C'est le « baby-boom », le boom des naissances.

Les écoles puis les lycées accueillent de plus en plus d'élèves. À partir de 1965, le nombre d'étudiants augmente rapidement dans les universités.

Le travail à la chaîne dans une usine Renault vers 1960

Pour travailler à la chaîne, un ouvrier n'a pas besoin de qualifications : on peut apprendre rapidement les gestes demandés. C'est un travail qui demande peu de réflexion. Les ouvriers sont appelés OS (ouvriers spécialisés).

La croissance économique

La production industrielle retrouve rapidement son niveau d'avant-guerre puis, à partir des années 1950, elle le dépasse largement. L'industrie fabrique en masse des automobiles et des produits électroménagers.

Les entreprises mettent en place une méthode de travail inventée aux États-Unis, le « travail à la chaîne » : les ouvriers font toujours les mêmes gestes et les objets sont acheminés jusqu'à eux par une chaîne (un tapis roulant, par exemple). Le travail est abrutissant mais plus efficace.

La croissance des villes

Dans les campagnes, les machines agricoles (tracteurs, moissonneuses-batteuses) remplacent les hommes. Beaucoup de paysans partent s'installer en ville pour y travailler dans les usines ou dans les services (commerce, administration, enseignement, santé). Les villes s'agrandissent. Pour loger les habitants, on construit de nouveaux quartiers dans les banlieues : les grands ensembles

Un grand ensemble à Sarcelles dans les années 1960 (banlieue parisienne du nord de Paris)

Les premiers grands ensembles de banlieue sont construits dans les années 1960. Mais ils posent vite des problèmes : matériaux de basse qualité, pannes d'ascenseurs, insuffisance de transports publics... Ils sont progressivement habités par des populations pauvres, souvent immigrées.

ou cités. Ils sont composés de grands immeubles en hauteur (tours) ou en longueur (barres) avec des habitations à loyers modérés (HLM).

La société de consommation

Le niveau de vie augmente rapidement. Les Français s'équipent en automobiles, réfrigérateurs, machines à laver le linge, aspirateurs, nouveaux appareils de radio, téléphones... Les premiers téléviseurs apparaissent à la fin des années 1950. Pour vendre leurs produits, les entreprises font de plus en plus de publicité sur les affiches, dans la presse, à la radio et à la télévision.

La durée du travail diminue. Durant les Trente Glorieuses, on passe à trois puis à quatre semaines de congés payés. Le samedi devient un jour chômé (c'est-à-dire non travaillé). Profitant du temps libre, des citadins prennent leur automobile et partent en « week-end » à la campagne. Certains se font construire des résidences secondaires.

Les jeunes commencent à avoir leurs propres journaux. Ils écoutent « Salut les copains », une émission de radio qui leur est destinée. Ils ont leurs chanteurs comme Claude François, Johnny Hallyday, Sylvie Vartan...

La montée des contestations

En mai 1968, les étudiants et les lycéens se révoltent. Ils occupent les universités, manifestent, dressent des barricades. Ils critiquent de Gaulle, le manque de libertés, la société de consommation. Ils rejettent l'autorité de leurs parents.

Au début des années 1970, la contestation continue. Un mouvement féministe, le Mouvement de libération des femmes (MLF), réclame l'égalité des droits entre les hommes et les femmes et la possibilité d'avorter (d'interrompre une grossesse). Les femmes obtiennent ce droit en 1975.

À partir des années 1950, on consomme de plus en plus de produits électroménagers qui facilitent le quotidien. Certains sont d'une grande utilité comme le réfrigérateur qui permet d'éviter de faire des courses tous les jours.

Pompidou, Giscard, Mitterrand

Après de Gaulle, plusieurs présidents de la République se succèdent jusqu'en 1995 : Pompidou (1969-1974), Giscard d'Estaing (1974-1981), Mitterrand (1981-1995). Avec Mitterrand, pour la première fois, un président de la Ve République est de gauche.

Georges Pompidou en 1969

Né en 1911, Georges Pompidou est élu président en 1969. Il meurt pendant son mandat en 1974.

Georges Pompidou (1969-1974)

Après avoir fait des études de lettres, puis dirigé la banque Rothschild, Georges Pompidou devient Premier ministre du général de Gaulle en 1962. En 1969, il est élu président de la République.

Pompidou est « gaulliste ». Il conduit donc la même politique que celle de De Gaulle. Mais il est plus favorable que lui à la construction européenne : il accepte par exemple que le Royaume-Uni entre dans la Communauté économique européenne. Il attache aussi plus d'importance à la modernisation du pays. Il meurt de maladie avant la fin de son mandat de président, en 1974.

Valéry Giscard d'Estaing (1974-1981)

Valéry Giscard d'Estaing fait des études brillantes (Polytechnique, École nationale d'administration) et devient député à 29 ans. Il est ensuite ministre des Finances de De Gaulle puis de Pompidou. En 1974, il est élu président de la République au deuxième tour contre le socialiste François Mitterrand.

Le septennat de Giscard d'Estaing commence par de grandes réformes de société. L'âge de la majorité passe de 21 à 18 ans. La ministre de la Santé, Simone Veil, fait voter une loi qui autorise l'interruption volontaire de grossesse (IVG ou avortement) sous certaines conditions (1975). Le divorce est rendu plus facile. Mais dès 1974, c'est le début de la crise économique. Le chômage augmente brusquement puis il progresse régulièrement. En mai 1981, Giscard d'Estaing est battu par François Mitterrand au deuxième tour de l'élection présidentielle.

Valéry Giscard d'Estaing en 1974

Né en 1926, Valéry Giscard d'Estaing est élu président en 1974.

François Mitterrand en 1981

Né en 1916, François Mitterrand est élu président en 1981 puis réélu en 1988. Il est décédé en 1996.

François Mitterrand (1981-1995)

François Mitterrand a fait des études d'avocat. Sous la IVe République, il est onze fois ministre. En 1971, il devient le chef du nouveau Parti socialiste (qui remplace la SFIO). En mai 1981, il est élu président et devient donc le premier président de gauche de la Ve République. C'est l'alternance politique.

De 1981 à 1983, de nombreuses réformes de gauche sont réalisées : abolition de la peine de mort ; cinquième semaine de congés payés ; retraite à 60 ans ; création de l'impôt sur les grandes fortunes ; loi sur la décentralisation, qui donne plus de pouvoirs aux régions ; nationalisation de nombreuses entreprises par l'État (l'État rachète de grandes entreprises privées et les dirige). Le ministre de la Culture, Jack Lang, crée la Fête de la musique.

Mitterrand est réélu en 1988. Durant son second mandat présidentiel (1988-1995), il cherche à accélérer la construction européenne.

Pendant qu'il était président, Mitterrand a fait construire de nombreux monuments à Paris : la pyramide du Louvre, le ministère de Bercy, la Grande Bibliothèque (la bibliothèque nationale), l'Opéra Bastille.

Les affiches officielles des candidats à l'entrée d'un bureau de vote.

Chirac, Sarkozy, Hollande

En 1995, le gaulliste Jacques Chirac est élu président pour sept ans. Il est réélu en 2002, pour cinq ans du fait de la réduction de la durée du mandat présidentiel. Nicolas Sarkozy puis François Hollande lui succèdent.

Jacques Chirac (1995-2007)

Élu député de droite gaulliste (partageant les idées de De Gaulle), Jacques Chirac est le Premier ministre de Valéry Giscard d'Estaing de 1974 à 1976. En 1986, sous la présidence de Mitterrand, la droite gagne les élections à l'Assemblée nationale et le président le nomme de nouveau Premier ministre. C'est la première cohabitation entre un président et un Premier ministre de partis politiques opposés.

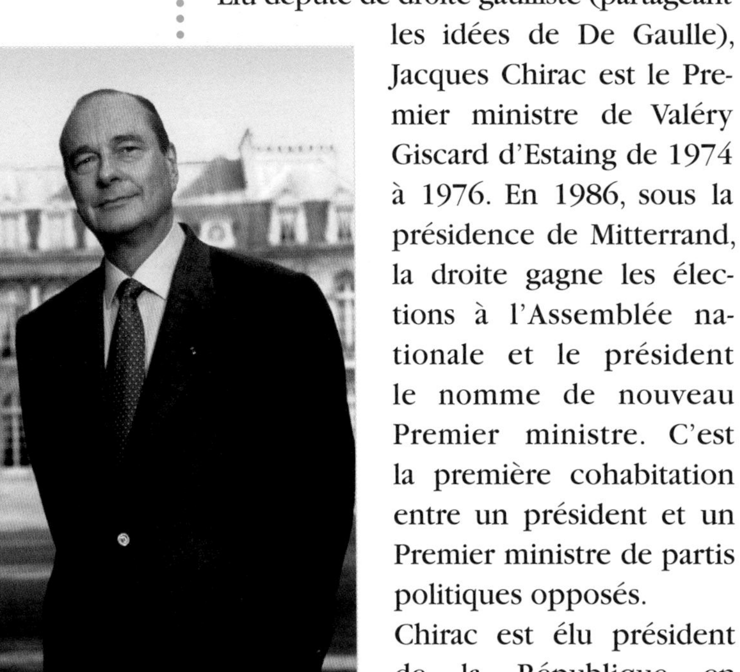

Jacques Chirac en 1995
Né en 1932, Jacques Chirac est deux fois président de la République, en 1995 et de nouveau en 2002.

Chirac est élu président de la République en 1995. Il fait supprimer le service militaire obligatoire. Mais en 1997, après la victoire de la gauche à l'Assemblée nationale, il doit à son tour nommer Premier ministre une personne d'un autre bord que le sien, le socialiste Lionel Jospin. C'est une nouvelle cohabitation.

Lionel Jospin fait voter plusieurs lois de gauche comme la limitation de la semaine de travail à 35 heures. Il se met d'accord avec Jacques Chirac pour réduire la durée du mandat présidentiel à cinq ans (au lieu de sept ans). Cette réforme de la Constitution est approuvée par référendum.

Le 21 avril 2002, Jean-Marie Le Pen, le candidat du Front national (parti d'extrême droite) accède au deuxième tour de l'élection présidentielle. Une immense manifestation contre l'extrême droite a lieu entre les deux tours. Chirac l'emporte facilement contre Le Pen au deuxième tour.

La seconde présidence de Chirac est marquée par son refus d'entrer en guerre contre l'Irak aux côtés des Américains (2003).

Nicolas Sarkozy (2007-2012)

Gaulliste, Nicolas Sarkozy est élu maire de Neuilly très jeune. De 1993 à 1995, il est ministre du Budget.

En 2002, sous la présidence de Jacques Chirac, il est nommé ministre de l'Intérieur et il devient très populaire.

Nicolas Sarkozy en 2007

Né en 1955, Nicolas Sarkozy est élu président en 2007.

En 2007, il gagne l'élection présidentielle face à la socialiste Ségolène Royal. Sarkozy réalise plusieurs réformes comme l'augmentation de l'âge légal de la retraite de soixante à soixante-deux ans. Mais en 2008, il doit faire face à la crise économique mondiale, à la montée du chômage et à l'endettement de l'État. En 2012, il est battu à l'élection présidentielle par le socialiste François Hollande.

François Hollande (2012-)

François Hollande, ancien dirigeant du Parti socialiste, est élu président de la République en 2012. Pour réduire les dettes de l'État, le gouvernement augmente les impôts. En parallèle, le chômage continue sa progression.

François Hollande en 2012

Né en 1954, François Hollande est élu président en 2012.

En janvier 2015, trois terroristes se réclamant d'un « islam radical » massacrent les dessinateurs du journal *Charlie Hebdo* ainsi que des Juifs et des policiers. Le 11 janvier, plusieurs millions de personnes manifestent à Paris et en province contre le terrorisme et pour la défense des libertés.

Un chef d'État étranger est accueilli à l'Élysée.

L'évolution de la société (depuis 1974)

À partir de 1974, la France entre dans une période de crise économique. Le chômage augmente. La société change aussi avec l'évolution des mœurs, le vieillissement de la population, et les évolutions technologiques.

Un SDF à Paris

Les Sans domicile fixe vivent dans la rue. La plupart sont des chômeurs de longue durée. Comme ils n'ont plus d'argent, ils ne peuvent plus payer leur loyer et doivent quitter leur logement.

La montée du chômage

Après 1974, des mines et des usines ferment : c'est la crise économique. Dans l'industrie automobile, les robots remplacent les ouvriers. Le chômage augmente beaucoup, surtout parmi les ouvriers sans qualification qu'on appelle les OS (ouvriers spécialisés). Les personnes sans ressources et sans domicile fixe (SDF) sont plus nombreuses. Elles parviennent à survivre grâce à l'aide d'associations comme les « Restos du cœur », créés en 1985, et aux maigres sommes d'argent versées par l'État.

Dans les cités (ou grands ensembles) de banlieue, il y a beaucoup de chômeurs. Des jeunes de ces banlieues, qui ont perdu espoir dans l'avenir, sont à l'origine de certaines flambées de violence.

Nouvelles femmes, nouvelles familles

À partir des années 1970, les femmes sont de plus en plus nombreuses à travailler, à un niveau de qualification de plus en plus élevé. Elles sont libres de choisir si elles veulent ou non être mères grâce à un nouveau moyen de contraception, la pilule. À partir de 1975, elles ont aussi le droit d'avorter, c'est-à-dire d'interrompre leur grossesse.

La famille change. Le divorce devient plus fréquent. De nombreux couples vivent sans être mariés : c'est l'union libre.

Parfois, les familles sont recomposées : elles réunissent deux personnes avec les enfants qu'elles ont eus avant de se rencontrer. Il y a aussi des familles monoparentales, où un seul parent vit avec ses enfants. En 2013, la loi Taubira autorise le mariage homosexuel : deux personnes du même sexe ont désormais le droit de se marier.

Le premier mariage homosexuel

En France, le premier mariage homosexuel a été célébré le 29 mai 2013.

Une famille recomposée

Le père a eu deux filles d'une première union, la mère un fils. Ensemble, ils ont eu un fils. C'est une famille recomposée.

Le vieillissement de la population

On vit plus longtemps, et les nombreux enfants du baby-boom arrivent à l'âge de la retraite. Le nombre de personnes âgées augmente.

Cela pose de nouvelles questions. Comment payer les retraites de toutes ces personnes âgées ? leurs dépenses de santé ? Comment leur permettre de terminer convenablement leur vie ?

La révolution technologique

Dans les années 2000, les ordinateurs sont reliés au réseau Internet. Le téléphone portable fait son apparition ; il est à son tour relié à Internet et offre de nombreuses applications.

Grâce à ces nouvelles technologies, les personnes peuvent communiquer et s'informer beaucoup plus facilement et plus vite que par le passé. Leur vie est modifiée par les réseaux sociaux (Facebook, Instagram, Twitter…) et les achats par Internet.

Les nouvelles technologies

Ces nouvelles technologies sont apparues chez les particuliers dans les années 1990. Depuis, elles s'améliorent en permanence.

France, pays d'immigration

De 1860 jusqu'aux années 1930, de nombreux étrangers originaires d'Europe viennent travailler en France : Belges puis Italiens, Polonais, Espagnols... Interrompue par la Seconde Guerre mondiale, l'immigration – l'arrivée des étrangers – reprend après 1945.

Des immigrés dans les travaux publics (années 1960)

Durant les Trente Glorieuses, beaucoup d'immigrés travaillent dans les travaux publics. Ce sont des métiers durs et peu payés que les Français ne veulent pas faire. Mais pour les travailleurs étrangers, le salaire est bien supérieur à celui qu'ils toucheraient dans leur pays d'origine.

Une nouvelle vague d'immigration (1945-1974)

De 1945 à 1974, la France est en pleine croissance économique. Ce sont les « Trente Glorieuses ». Comme elle manque de main-d'œuvre, elle fait venir de nombreux travailleurs d'Espagne et du Portugal mais aussi des pays du Maghreb : Algérie, Maroc, Tunisie.

Les immigrés sont essentiellement des hommes qui fuient la misère et qui cherchent un travail mieux payé que chez eux. Certains quittent aussi leur pays pour des raisons politiques, parce que les libertés n'y sont pas respectées par exemple. Les immigrés de cette époque sont surtout embauchés comme ouvriers dans les travaux publics, le bâtiment et l'industrie automobile.

Dans les années 1950, les immigrés s'installent dans des immeubles dégradés du centre des villes ou dans des bidonvilles comme celui de Nanterre. À partir des années 1960, on rase les bidonvilles et beaucoup vont habiter dans les grands ensembles d'immeubles construits en banlieue, les cités.

Le bidonville de Nanterre
Dans les années 1950, de nombreux étrangers, qui n'avaient pas trouvé où se loger, s'installent dans des bidonvilles, à la périphérie des grandes villes (Paris, Lyon, Marseille). Le bidonville de Nanterre à l'ouest de Paris est un des plus connus. Il est détruit au début des années 1970.

Une immigration ralentie (depuis 1974)

À partir de 1974, le chômage augmente. Le gouvernement français ferme les frontières. Il limite l'immigration à celle des conjoints et des enfants des immigrés qui sont déjà installés en France. C'est le regroupement familial. Il accorde aussi l'asile politique aux personnes persécutées dans leur pays.

Des étrangers parviennent cependant à immigrer sans en avoir l'autorisation. Ce sont les immigrés « clandestins » ou « sans papiers ». Ils sont parfois régularisés, ce qui signifie que l'État leur accorde des papiers pour rester.

L'immigration est donc moins importante que pendant les Trente Glorieuses. Elle change aussi. Les immigrés viennent de plus loin, surtout d'Asie et d'Afrique subsaharienne. Parmi eux, il y a davantage de femmes et de personnes diplômées.

L'immigration, un atout pour la France

Du fait de la forte immigration au cours du siècle, beaucoup de Français sont d'origine immigrée. Près d'un quart des Français d'aujourd'hui ont au moins un grand-parent immigré et près d'un tiers un arrière-grand-parent. Sans l'immigration, la France serait beaucoup moins peuplée.

Les immigrés ont participé à la construction de la France actuelle. Ils ont offert les bras qui manquaient à la France et souvent occupé des emplois que ne voulaient pas les Français. La France s'est développée grâce à l'immigration.

Les immigrés – Belges, Italiens, Polonais, Maghrébins... – ont parfois été mal accueillis par les Français qui les ont accusés d'être responsables des maux de la société (insécurité, chômage...) et de ne pas se comporter comme eux. Mais la plupart sont restés en France. Ils y ont fait des enfants, qui sont Français (la « seconde génération »). Ils participent à ce qu'est la France d'aujourd'hui.

1951 2000

La construction européenne

Quelques années après la Seconde Guerre mondiale, la France, l'Allemagne et d'autres pays d'Europe de l'Ouest cherchent les moyens de se rapprocher. Ils veulent éviter une nouvelle guerre entre eux, renforcer leur économie, et être plus puissants face aux autres grands États du monde.

Robert Schuman

Robert Schuman est ministre des Affaires étrangères de la France de 1947 à 1952. Le 9 mai 1950, il propose la création d'une communauté européenne du charbon et de l'acier. Le 9 mai (date du discours) est devenu la journée de l'Europe.

La formation de la CEE (1957)

Le 9 mai 1950, Robert Schuman, ministre français des Affaires étrangères, et son conseiller Jean Monnet proposent à l'Allemagne et à d'autres pays de créer une organisation économique, la Communauté européenne du charbon et de l'acier (CECA). Elle naît en 1951.

En 1957, les six pays membres de la CECA signent le traité de Rome qui crée la Communauté économique européenne (CEE). Ce nouveau traité prévoit que les marchandises, les hommes et les capitaux pourront circuler librement dans la Communauté européenne. Le traité prévoit aussi une politique commune pour développer l'agriculture européenne.

Pour gérer la CEE et pour atteindre ces objectifs, les pays mettent en place une sorte de gouvernement commun. Il est formé d'institutions qui siègent à Bruxelles, Luxembourg et Strasbourg : la Commission européenne, la Cour de justice, le Parlement européen.

L'élargissement de la Communauté européenne

Peu à peu, de nombreux pays viennent rejoindre, dans la CEE, les six pays fondateurs : on dit que la Communauté « s'élargit ». Dans les années 1970, l'Angleterre, l'Irlande et le Danemark entrent dans la CEE. Dans les années 1980, c'est le tour des pays du sud de l'Europe : l'Espagne, le Portugal, la Grèce. La Finlande et la Norvège adhèrent en 1995. La Communauté compte alors quinze États.

Pour pouvoir entrer dans la Communauté européenne, le pays doit être suffisamment riche, respecter la démocratie et les libertés, être pacifique.

À partir de 2004, les pays d'Europe de l'Est qui respectent ces principes et qui sont candidats adhèrent à leur tour. La Communauté européenne s'élargit mais elle se renforce aussi. En 1992, les États ont adopté le traité de Maastricht qui prévoit une monnaie unique, une citoyenneté européenne et de nouvelles politiques communes. La CEE prend le nom d'Union européenne.

L'Union européenne aujourd'hui

Qu'est-ce que l'Union européenne aujourd'hui ?

C'est un espace de libre circulation des marchandises. Il n'y a plus de taxes douanières et plus aucun obstacle pour le commerce à l'intérieur de l'Union européenne.

Les citoyens européens peuvent circuler sans contrôle entre les pays de l'UE qui ont signé les accords de Schengen, et s'y installer librement.

En 2002, pour faciliter les échanges, l'Union a créé une monnaie européenne, l'euro. Elle a été adoptée par de nombreux pays.

Les habitants de l'UE sont devenus des citoyens européens. Ils peuvent voter aux élections locales (pour les mairies) et européennes (pour le parlement européen) dans n'importe quel pays de l'UE autre que le leur, du moment qu'ils y résident.

L'UE a mis en place des politiques communes dans de nombreux domaines (agriculture, transports...). Elle a développé les échanges universitaires en permettant aux étudiants de faire une année d'étude dans un autre pays de l'UE : c'est le programme Erasmus.

Le franc avant 2002

L'euro depuis 2002

Carte de la construction européenne

Les six pays fondateurs

Élargissements :

1973

années 1980

1990 : réunification de l'Allemagne

1995

depuis 2004

La France dans le monde

Après la Seconde Guerre mondiale, le rôle et la politique de la France dans le monde changent beaucoup.

Le Conseil de sécurité de l'ONU

Il est formé de cinq pays membres permanents et de dix autres pays élus pour deux ans par l'Assemblée générale de l'ONU. C'est lui qui vote les sanctions contre un pays qui ne respecte pas la paix.

La France en 1945

Grâce à de Gaulle, la France est considérée comme une puissance victorieuse de la Seconde Guerre mondiale. En 1945, elle devient donc pour cette raison l'un des cinq membres permanents du Conseil de sécurité avec les États-Unis, l'URSS (la Russie communiste), le Royaume-Uni et la Chine. Le Conseil de sécurité est l'organisme des Nations unies qui a pour fonction de maintenir la paix dans le monde en votant des sanctions contre un pays qui fait la guerre. Jusqu'à aujourd'hui, la France a gardé ce poste qui lui permet de jouer un rôle important dans les affaires mondiales.

En 1945, l'Allemagne est occupée par les États-Unis, le Royaume-Uni, la France et l'URSS. La France a donc obtenu une des quatre zones d'occupation.

La France alliée des États-Unis

À partir de 1947, les États-Unis s'allient à d'autres pays avec lesquels ils forment le bloc de l'Ouest alors que l'URSS et ses alliés forment le bloc de l'Est. Ces deux blocs s'opposent l'un à l'autre mais sans jamais se faire directement la guerre : c'est la guerre froide. La France fait partie du bloc de l'Ouest.

Dans les années 1960, de Gaulle dote la France de l'arme nucléaire et prend ses distances avec les États-Unis tout en restant son allié. Il les critique par exemple quand ils font la guerre au Vietnam. Mais après lui, les présidents français soutiennent les États-Unis dans toutes les crises internationales jusqu'à la fin de la guerre froide et l'effondrement de l'URSS en 1991. En 2003, la France critique l'intervention américaine en Irak. Mais elle reste néanmoins aujourd'hui un des principaux alliés des États-Unis.

De la décolonisation à la coopération

Dans les années 1950, la France perd peu à peu ses colonies : l'Indochine (1954), le Maroc et la Tunisie (1956). Les colonies d'Afrique noire obtiennent

leur indépendance en 1960. En 1962, après une guerre de huit ans, l'Algérie devient à son tour indépendante.
Après 1960, la France continue d'entretenir des liens avec ses anciennes colonies d'Afrique noire. Elle leur accorde une aide financière et technique. Elle apporte un soutien militaire aux chefs d'État africains avec lesquels elle est alliée. À partir de 1973, la France organise aussi des « sommets franco-africains » où se rencontrent le président français et des chefs d'État de l'Afrique francophone.

Un sommet franco-africain
Le premier sommet franco-africain réunissant le président français et les chefs d'État africains francophones s'est tenu à Paris en 1973. Depuis, ils se sont réunis à de nombreuses reprises pour évoquer les problèmes de l'Afrique et les relations avec la France.

La France et l'Europe

Après 1945, la France joue un grand rôle dans la construction européenne. En 1957, elle signe avec cinq autres pays d'Europe le traité de Rome qui crée la Communauté économique européenne (CEE). Dans les années 1960, de Gaulle freine la construction européenne. Mais tous les présidents français qui lui succèdent cherchent à construire l'Europe. La France établit en même temps des liens forts et privilégiés avec l'Allemagne pour éviter à jamais une nouvelle guerre entre les deux pays. En 1962, le chancelier allemand Konrad Adenauer se rend en France et de Gaulle en Allemagne pour montrer à tous que les deux pays sont réconciliés. En 1984, le président français François Mitterrand et le chancelier allemand Helmut Kohl se recueillent ensemble à Verdun.

Mitterrand et Kohl à Verdun en 1984
Le président français et le chancelier allemand se recueillent au cimetière de Douaumont à Verdun. En 1916, la bataille de Verdun, qui a opposé la France et l'Allemagne, a fait des centaines de milliers de morts.

Aujourd'hui...

Un lancement de la fusée Ariane

La fusée Ariane, construite par la France et d'autres puissances européennes, lance des satellites dans l'espace à partir du site de Kourou en Guyane française.

L'opération « Serval » au Mali (janvier 2013)

L'armée française est intervenue au Mali pour repousser les islamistes qui menaçaient de s'emparer du pouvoir.

Les nouvelles technologies de l'information et de la communication

Grâce à ces nouvelles technologies, on communique de plus en plus vite et on a accès à davantage d'informations.

La France championne du monde de handball (2015)

En 2015, les handballeurs français deviennent champions du monde au Qatar. Ils avaient déjà remporté les Jeux olympiques à Londres en 2012.

Les touristes à Paris

La France est le premier pays touristique du monde en nombre de visiteurs. À Paris, les premiers monuments visités sont Notre-Dame et la tour Eiffel.

Un rassemblement contre le terrorisme (11 janvier 2015)

Après les attentats terroristes, quarante-quatre chefs d'État défilent à Paris en compagnie de plus d'un million et demi d'anonymes. Au centre de l'image, le président François Hollande.

A

B

C

Événement (date) / Art & techniques / Personnage

D

E

F

G

H

I

J

L

M

N

O

P

Q

R

S

T

U

V

W

A B C D E F G H I J K L M N O P Q R S T U V W X Y Z

TABLE DES ILLUSTRATIONS

Auteur : **Martin Ivernel**
Professeur d'Histoire-Géographie
au lycée Hector Berlioz à Vincennes (94)
Directeur de collection de manuels scolaires

Illustrations : **Laurent Audouin, François Vincent** (dessins documentaires)

Cartographie : **Jean-Pierre Crivellari**

Iconographie : **Hatier Illustration, Julie Sirdey et Claire Venries**

Conception graphique et réalisation : **Marie-Élisabeth d'Aligny**

Loi n°49 956 du 16 juillet 1949 sur les publications destinées à la jeunesse.

Hatier s'engage pour l'environnement en réduisant l'empreinte carbone de ses livres.
Celle de cet exemplaire est de :
1.1 kg éq. CO_2
Rendez-vous sur www.hatier-durable.fr

Achevé d'imprimer par Pollina à Luçon – France
Dépôt légal : 98744 1 / 02 – mai 2016